indayi

edition

Kinder, die unglücklich sind, sind nicht unglücklich gezeugt und geboren. Wir Eltern sind diejenige, die sie zum großen Teil zum Unglücklichsein programmiert haben, und das fängt, wie ich im Kapitel 1 zeige, schon in der Schwangerschaft an. Wir hypnotisieren unsere Kinder negativ.

Über den Autor

Dantse Dantse ist gebürtiger Kameruner und Vater von fünf Kindern. Als sechstes Kind einer großen Familie von über 30 Kindern kümmerte er sich, wie üblich in Afrika, schon früh um seine kleineren Geschwister und wurde dafür schon als Kind gezielt im Bereich Erziehung und Kinder- und Familienpsychologie ausgebildet. Dies zusammen mit seinen intensiven Coachingerfahrungen in Deutschland, wodurch er die europäischen Sichtweisen kennenlernte, macht ihn zu einem kompetenten, erfahrenen und vielseitigen Erziehungsexperten. Viele Familien und Kinder verdanken ihm ein entspannteres und glücklicheres Leben.

Dantse hat in Deutschland studiert und lebt seit über 25 Jahren in Darmstadt. Stress, Burnout, Spiritualität, Körper, Familie und Liebe – das sind nur einige wenige der Gebiete, auf denen sich der Coach und Autor in den letzten Jahren erfolgreich profilieren konnte.

Als unkonventioneller Autor schreibt er gerne Bücher, die seine interkulturellen Erfahrungen widerspiegeln. Er schreibt über alles, was Menschen betrifft, berührt und bewegt, unabhängig von kulturellem Hintergrund und Herkunft. Er schreibt über Werte und über Themen, die die Gesellschaft nicht gerne anspricht und am liebsten unter den Teppich kehrt, unter denen aber Millionen von Menschen leiden. Er schreibt Bücher, die das Ziel haben, etwas zu erklären, zu verändern und zu verbessern – seien es Ratgeber, Sachbücher, Romane oder Kinderbücher.

Sein unverwechselbarer Schreibstil, geprägt von seiner afrikanischen und französischen Muttersprache, ist sein Erkennungsmerkmal und wurde im Text erhalten und nur behutsam lektoriert.

Dantse Dantse

Unglückliche Kinder – was machen wir bloß Falsch?

Von Überbehütung über falsche Ernährung bis Mobbing

So misslingt die Erziehung unserer Kinder garantiert

Aufstand der Kinder

„Papa, Mama, jetzt rebelliere ich. So will ich nicht mehr. Lasst mich einfach Kind sein und raubt mir meine Energie nicht mehr!"

Besuch uns im Internet
www.indayi.de

indayi

i

edition

Wichtiger Hinweis:
Die im Buch veröffentlichten Ratschläge wurden mit größter Sorgfalt und
nach bestem Wissen vom Autor erarbeitet. Eine Garantie kann jedoch weder vom Verlag noch von den Verfassern gegeben werden.
Das Werk und seine Teile sind urheberrechtlich geschützt. Jede Nutzung in
anderen als den gesetzlich zugelassenen Fällen bedarf der vorherigen
schriftlichen Einwilligung des Verlages.

2. Auflage Januar 2016
© indayi edition, Darmstadt
Umschlaggestaltung, Satz und Lektorat: Birgit Pretzsch
Foto (Umschlag): © fotolia.de, vitalinka

Printed in Germany

ISBN 978-3-946551-02-7

Die Philosophie von indayi edition ist es, den Lesern so viel Auswahlmöglichkeiten wie möglich zur Verfügung zu stellen, d.h., Leser, die wenig Geld haben, oder wenig Zeit um dicke Bücher zu lesen, haben die Möglichkeit kleinere Teilbände zu kaufen.

Deswegen gibt es den Komplett-Erziehungsratgeber **Aufstand der Kinder: „Papa, Mama, jetzt rebelliere ich! Lasst mich einfach Kind sein!"** auch in 2 Teilen. So kannst du als Leser den Themenbereich auswählen, der dich mehr anspricht, bzw. für weniger Geld erst einmal mit einem Buch starten und bei Gefallen das zweite erwerben.

Da beide Teile zusammengehören, enthält jeder das gleiche Vorwort und die gleiche Einleitung, um den Zusammenhang zu betonen.

Der Komplett-Erziehungsratgeber enthält neben den Themen der beiden Teile auch viele ergreifende Erfahrungsberichte von Kindern und Eltern, die aufzeigen, wie schwer manche Erziehungsfehler, die uns allen passieren können, unsere Kinder dauerhaft schädigen.

Solltest du nach dem Kauf eines der Teilbücher gerne den Komplett-Ratgeber erwerben, kontaktiere uns unter info@indayi.de, damit wir dir einen Rabatt geben können!

Themen in diesem Buch „Unglückliche Kinder – was machen wir bloß Falsch?"

Die Erziehung der Eltern

- Auseinandersetzung mit der eigenen Kindheit
- Schlechte Abnabelung von den eigenen Eltern
- Negative Programmierung in der Kindheit
- Stress in der Schwangerschaft
- Überforderung, Druck, Stress und Depression
- Geringes Selbstwertgefühl der Eltern
- Unglückliche Eltern
- Gewalt, Drogen, Alkohol
- Eine Mutter ohne Weiblichkeit
- Sexuelle Frustration
- Mangelnde Liebe und Selbstliebe der Eltern

Falscher Erziehungsstil der Eltern

- Überbehütung und Vernachlässigung
- Burnout- und Depression-fördernde Erziehung
- Antiautoritärer und autoritärer Stil
- Grenzen- und Respektlosigkeit
- Kinder zur Krankheit konditionieren
- Falsche Ernährung, die zu Übergewicht führt
- Erziehung zu Unselbständigkeit und Abhängigkeit
- Schlechte Abnabelung der Kinder – zu früh oder zu spät
- Die Erbschaft – ein Instrument der Machterhaltung
- Zu frühe Selbständigkeit der Kinder
- Perfektionsdrang
- Zu viele Erklärungen und Gespräche
- Falsche Gerechtigkeit
- Kinder nicht lehren zu geben
- Warnung, Angst und Sorge als Erziehungsmethode
- Zu viel Lob, falsches und unangebrachtes Lob, zu viel Kritik
- Gewalt in der Erziehung
- Selbstlose Erziehung ist eine Selbstlüge
- Sexuelle Belästigung von Kindern
- Mobbing innerhalb der Familie

Themen in „Unglückliche Kinder – noch mehr Dinge, die wir Falsch machen Können"

Negative externe Einflüsse

- Übertriebener materieller und immaterieller Konsum
- Übermäßiger Medienkonsum
- Veränderte Freizeitaktivitäten
- Überbewertung der Pubertät
- Mobbing unter Kindern
- Negative Haltung unserer Gesellschaft Kindern gegenüber
- Rassismus, Diskriminierung, Ausgrenzung

Negative Programmierung

Überforderung und Versagensängste der Kinder

- Zu große und übermäßige Erwartungen
- Unpassende und ehrgeizige Wünsche und Träume der Eltern
- Schule kann krank machen
- Sport und Freizeitaktivitäten können krank machen

Mangel an Glauben

Vermittlung falscher Werte und Normen

Unausgeglichene Rollenverteilungen in der Familie

Verlagerung von Erziehungsinstanzen

Zeitmangel

Urvertrauen und Vertrauensstörungen

Komplexe aller Art

Scheidung und Trennung

Bewegungs- und Sportmangel, schlechte Ernährung

Wir lassen Kinder nicht mehr Kinder sein

Die Sexualisierung von Mädchen

Liebeskummer und sexuelle Frustration bei Kindern

Inhaltsverzeichnis

- Glückliche Eltern erziehen glückliche Kinder

- Kindererziehung fängt mit Eltern-(Um)erziehung an

- Kinder brauchen kein Geld, sondern Liebe, Zeit und Gerechtigkeit

- Liebe dein Kind und lasse es frei

- Kinder brauchen nicht unsere Sentimentalität, sondern unsere Liebe

- Ein Kind ohne Glauben ist gefundenes Fressen für Psychologen und Esoteriker

- Eltern tragen die Hauptverantwortung dafür, wie glücklich oder unglücklich ihre Kinder morgen sein werden

- Der erste Kindergarten unserer Kinder ist die Familie

- Lieben wir zuerst uns selbst, dann können wir unsere Kinder lieben

- Wir gebären Kinder aber wir gebären ihre Herzen nicht

- Unsere Kinder sind weder unser Privateigentum noch unsere Aushängeschilder

- Überbehütung der Kinder bedeutet, diese von uns abhängig zu machen, wenn sie erwachsen sind

- Wir dürfen unsere Kinder nicht so erziehen, dass sie unsere „Prostituierten" werden

- Erbschaft kann schaden. Kinder sind nicht dazu geboren, unser Leben nach unserem Tod aufrechtzuerhalten und unsere Lasten zu tragen

- Eltern als Energievampire? Viele Eltern rauben auch aus Liebe die Energie ihrer Kinder

- Manche Erziehungsmethoden sind mit Körperverletzungen gleichzustellen

- Psychische Gewalt kann mehr zerstören als körperliche Gewalt. „Du Dummerchen" kann die Seele eines Kindes mehr zerstören als ein schwerer Klaps

- Eltern sind die ersten Psychologen, Trainer, Ärzte, Coachs, Lehrer der Kinder,

- Anfälligkeit für Burnout, Depressionen und psychische Krisen im Erwachsenenalter findet oft ihren Ursprung in der Kindheit; dort vermasseln Eltern die Zukunft der Kinder

Danksagung

Ich bedanke mich bei vielen Familien, Eltern und Kindern (auch Erwachsene sind jemandes Kinder) für ihre Beiträge, Mails, hunderte von Gesprächen. Mit manchen war ich fast vier Jahre in Kontakt. Sie haben mir geholfen dieses Buch zu schreiben. Ohne ihre Erzählungen und praktischen Erfahrungen würde es dem Buch an einigen Informationen fehlen. Ich bedanke mich sehr bei Eltern, die sich für dieses Buch Coachen ließen, meine Tipps und Tricks testeten und mir somit detaillierte, wichtige Informationen gaben.

Ich bedanke mich ganz herzlich bei den fünf Lehrerinnen und Erzieherinnen aus Darmstadt, die mir viele wertvolle Informationen über Kinder in der Schule und im Kindergarten gaben.

Ich bedanke mich ganz besonders bei dir, „dem Besten", wie ich dich zu nennen pflege: der Kinderpsychologe mit dem ich über fast ein Jahr stundenlange, manchmal heftige Diskussionen hatte. Dein Input hat mir sehr geholfen und unsere Streitereien haben uns beide vorwärts gebracht. LG.

Ich bedanke mich bei allen Müttern meiner Kinder und bei meinen fünf Kindern selbst für ihre ständige Inspiration, ihre Offenheit und ihr Verständnis.

Ich bedanke mich bei meinem jüngeren Bruder aus Hamburg, der weise R. Für mich ein Genie, wenn er detailliert beschreibt, wie Eltern ihre Kinder missbrauchen, um ihre eigene Schwäche zu kompensieren. Viele Punkte in diesem Buch tragen seine Unterschrift.

Ich bedanke mich zuletzt bei meiner Mutter und meinem verstorbenen Vater, die mir ermöglicht haben, dass ich soweit komme und schreiben darf. Ohne das, was sie mir gegeben haben (Glaube, Selbstvertrauen, Selbstbewusstsein, Selbstliebe) und auch ohne ihre Fehler, hätte ich die vielen Schwierigkeiten in meinem Leben nicht gemeistert – und die habe in ausreichender Zahl gehabt und manche hätten mich wirklich umbringen können. An meine Mutter einen ganz besonders großen Dank dafür, wie sie, als ich mich mit meiner Kindheit und ihrem Erziehungsstil auseinandersetzte, zu ihren Fehler stand und ihre Verfehlungen anerkannte. Sie machte nicht zu, sie verteidigte sich nicht. Somit half sie mir, mich zu entfalten, noch glücklicher zu sein und sie noch mehr zu schätzen. Das führte dazu, dass ich schnell erkannte, was in meiner Kindheit nicht gut war, und dies deswegen meinen Kindern nicht weiter gab.

Anmerkung: Alle Namen und Orte wurden geändert.

So rauben wir unseren Kindern die lebensnotwendige Energie und werden aus Liebe zu Energievampiren.

Die Gründe, warum unsere Kinder immer schwächer, antriebsloser, ängstlicher, anfälliger, unfähiger und vor allem unglücklicher werden und wir auch.

Mit Beiträgen und Erfahrungsberichten von Kindern und Eltern.

Mit vielen Geschichten des Autors über seine eigene, sehr spannende Kindheit in einer Familie, in der der Vater mit drei Frauen mehr als 30 Kinder hatte und alle unter einem Dach lebten.

Vorwort

Viele Bücher beschäftigen sich mit Kindererziehung. Es wird viel darüber geschrieben und es werden viele Tipps gegeben, wie wir unsere Kinder zum Glücklichsein erziehen können und das ist gut so. Aber die Rolle und die Verantwortung der Eltern werden nicht intensiv genug berücksichtigt. Wir Eltern aber sind die ersten Verantwortlichen für das Glück unserer Kinder. Glückliche Eltern erziehen glückliche Kinder, aber unglückliche Eltern auch unglückliche Kinder. Glückliche Eltern wurden von ihren Eltern glücklich erzogen, oder sie haben sich selbst zum Glücklichsein umerzogen.

Ich glaube, bevor man darüber redet, wie man Kinder glücklich erziehen kann, sollte man zuerst genau wissen, was Kinder unglücklich macht, bzw. warum und wodurch Kinder unglücklich sind. Es ist hilfreich, die Fehler, die Eltern oft unbewusst und unbeabsichtigt bei der Erziehung machen, zu erkennen, um diese besser zu beseitigen und zu korrigieren.

Zwar wird in vielen Büchern darüber geschrieben, aber ich finde die Erklärungen nicht tiefgründig genug. Deswegen ist dieses Buch angebracht, in dem ich versuche das Thema, warum unsere Kinder immer unglücklicher werden, intensiver als bisher zu analysieren.

Wir nennen uns die intelligentesten und fortschrittlichsten Menschen, die die Welt bis jetzt kennt. Wir haben studiert. Wir haben über Menschen und deren Verhalten und Seelen geforscht. Wir können auf dem Mond landen. Wir führen Kriege, in denen wir Millionen von Menschen töten. Wir vergleichen uns sogar mit Gott. Wir sagen, dass wir in der

Lage sind Menschen „herzustellen", aber wir schaffen es nicht das Einfachste, was das kleinste Tier der Welt schafft, zu erreichen? Nämlich unsere Kinder glücklich zu erziehen. **Kann man sich intelligent nennen und sein Kind unglücklich erziehen?** Meiner Meinung nach nicht! Und müssten wir Eltern uns dafür verantworten bzw. dafür haften, dass wir unsere Kinder unglücklich gemacht haben, würden wir uns bewusster mit dem Thema auseinandersetzen.

Die Frage, ob wir Eltern mithaften müssen für die Schäden, die wir unseren Kindern zugefügt haben oder zufügen, ist berechtigt. Ist es nicht Körperverletzung, wenn Eltern kleine Kinder von 2, 3, 4, 5, 6, 7, 8 Jahren den ganz Tag alleine vor den Fernseher, das Internet, den Computer setzten? Gewaltszenen aller Art, sexuelle Bilder, technische Effekte, womit das junge, noch nicht voll entwickelte Gehirn nicht mithalten kann: ist das alles, was die Kinder absorbieren nicht für die Seele gleichzusetzen mit schweren Körperverletzungen durch Schlägen, Missbrauch Misshandlung usw.? Ist es nicht Gewalt an Kindern und ähnlich als würde man die Kinder mit scharfen Waffen und Munitionen ausstatten, wenn Eltern kleinen Kindern Smartphone, Tablet, PC und Co. mit vollem Internetzugang geben, mit dem sie ungeschützt im Internet alle Inhalte (Porno, Gewalt, Blutsszenen usw.) konsumieren können? Wie kann ein Kind dabei den Lustschrei einer Frau beim Sex, die ihr Gesicht verzieht und vielleicht sogar weint, weil sie glücklich ist, als etwas Gutes erkennen? Wie kann dieses Kind Szenen verkraften, in denen es sieht, wie Menschen sich bekämpfen, sich schlimm verletzen, wie jemandem das Herz herausgenommen wird? Ist das nicht ein Verbrechen mit Vorsatz an Kindern.

Sollte Kindern nicht das Recht eingeräumt werden, ihre Eltern wegen schwerer Verfehlungen in der Erziehung anzuklagen, damit sie sich zum Beispiel an Therapiekosten beteiligen? Es ist vielleicht nur eine Frage der Zeit, bis diese Möglichkeit kommt. Zwar regelt das Gesetzt die Erziehung zu Hause nicht, aber es könnte bewirken, dass Eltern aus Angst ernsthaft sensibilisiert werden und sich mehr bemühen, ihre Kinder glücklich zu machen. Gesetz und Strafe können helfen. Zum Beispiel ist die körperliche Gewalt an Kindern stark zurückgegangen seit diese verboten wurde. Die Rechte von Kindern sollte man noch mehr stärken.

Der Titel „Aufstand der Kinder" klingt kämpferisch, zeigt aber auch den Ernst der Situation, denn wenn wir unsere Kinder weiter so erziehen, werden wir Morgen nur unfähige Erwachsene haben.

Kindererziehung bleibt für mich nicht bei den Kindern stehen, sondern schließt auch die Erwachsenen ein, die auch im weitesten Sinn weiter Kinder sind. Wir sind weiter Söhne und Töchter unserer Eltern. Deswegen benutze ich das Wort Kind in manchen Fällen allgemeiner.

Ich bin kein studierter Kinderpsychologe oder Pädagoge, dennoch bin ich es als Vater von fünf Kindern und als ältester Sohn einer afrikanischen Großfamilie. In Afrika erziehen die Ältesten die Kleineren, und so musste ich das auch tun. Die Eltern übertragen diese Rolle sehr früh an die Ältesten und davor werden sie jahrelang darauf vorbereitet, denn der beste und erste Psychologe der Kinder sind doch die Eltern. Weiter

Informationen über meine Kindheit in Afrika findest du im folgenden Kapitel „Über mich".

Schon sehr früh wurde mir beigebracht, wie Eltern die Zukunft ihrer Kinder lenken können.

Kindererziehung fängt mit Elternerziehung an, schon ab dem Moment, wenn die Frau schwanger ist. Stress in der Schwangerschaft erhöht das Risiko für Depressionen und andere seelische Störungen bei Kindern.

Eine gelungene Erziehung erkennt man, wenn das Kind erwachsen ist und sein Leben selbständig ohne Hilfe der Eltern glücklich meistert. Einen gesunden Baum erkennt man an seinen Früchten.

Seelische Störungen, Burnout, innere Instabilität und Leere, Unglücklichsein, Sorgen, Ängste, Minderwertigkeitsgefühle werden durch die Erziehung in der Kindheit entweder begünstigt oder unterbunden.

Ob Kinder glückliche, starke, selbstbewusste, fröhlich und erfolgreiche Menschen werden, hängt im Wesentlichen davon ab, wie die Erziehung der Eltern war, was sie erlebt haben, wie ihre jetzige seelische Situation ist und was sie den Kindern weitergeben.

Nur wer glücklich ist und sich liebt, kann auch Liebe geben und glückliche Kinder erziehen, indem er das Glücklichsein vorlebt und nicht nur darüber spricht.

Kann man von der Erziehung eines Kindes reden, ohne auch von der Erziehung der Eltern zu reden? Ich glaube, bei der Erziehung eines Kindes muss man immer eine Generation zurückgehen, in die Generation der Eltern. Dort liegt die Wiege einer glücklichen und erfolgreichen Erziehung.

Ich weiß, dass Kinder, auch wenn sie schlimmste Erfahrungen mit ihren Eltern gemacht haben, trotzdem immer versuchen ihre Eltern zu verteidigen, ihre Missetaten zu erklären, zu rechtfertigen. Ich kenne sogar eine Frau, die von ihrem Vater missbraucht wurde, und noch versuchte, den Vater zu verstehen. Sie versuchte alles zu tun, damit man ihren Vater nicht als Verbrecher abstempelt. Ich weiß, dass viele Menschen ungern zurück in die Vergangenheit schauen möchten, besonders, wenn sie das subjektive Gefühl haben, dass diese Vergangenheit nicht immer so schön war.

Die Gesellschaft sieht solches Zurückblicken nicht gern, da man uns gelehrt hat, dass wir als erwachsene Menschen Meister unseres Schicksals sind – so schützen wir uns als Eltern und tragen unsere Schuld nicht – dementsprechend trägt auch jeder die Verantwortung für seine Handlungen, sein Verhalten und sein Benehmen selber. Das stimmt einerseits auch, weil wir die Konsequenzen unserer Handlungen an unserem eigenen Leib erfahren. Das stimmt andererseits aber auch nicht. Man trennt uns einfach von einem wichtigen Teil von uns, dem Teil, der uns stark geprägt hat, der Teil, ohne den wir gar nicht das hätten werden können, was wir sind: unsere Kindheit. Wir sind nur zu stolz und arrogant, um zu akzeptieren, dass wir nicht die volle Kontrolle über uns selbst haben, dass andere Menschen – unsere Eltern – einen Teil Kontrolle über uns haben. Es ist bei manchen sehr offensichtlich, bei anderen kaum bemerkbar, aber dieser Einfluss besteht, egal, wie alt man ist. Und auch als Kinder haben wir einen Einfluss auf unsere Eltern. Je nachdem wie die Beziehung ist oder war – positiv oder negativ – ist der gegenseitige Einfluss auch positiv oder negativ.

Diese „fatale Liaison", diese schicksalhafte Verbindung mit unserer Vergangenheit – wie die Schildkröte, die hunderte von Kilometern zurückschwimmt, um ihre Eier genau da zu legen, wo sie selbst geboren wurde – ist auch wichtig für die Entwicklung der Menschen. Das zu wissen und anzuerkennen ist ein enormer Schritt, um unsere eigenen Kinder glücklich zu erziehen. Uns bewusst zu machen: was unser Kind Morgen sein wird – glücklich oder unglücklich – hängt zum großen Teil von uns ab, und glückliche Kinder machen uns wiederum auch glücklich! Ja, wenn wir uns das bewusst machen, würde es schon dazu führen, dass wir uns noch mehr bemühen, unseren Kindern eine gelungene Erziehung zu geben, eine Erziehung voller Liebe, Gerechtigkeit, Respekt, Einsicht, Zuwendungen, Zeit und Verständnis.

Papa, Mama, jetzt rebelliere ich! Lasst mich einfach Kind sein! ist eher ein Appell an uns Eltern, Väter und Mütter, nicht an unsere Kinder weiterzugeben, was wir in unserer Kindheit nicht schön fanden. Leider gelingt es uns, aus verschiedenen Gründen, nicht immer, uns offensiv und selbstbewusst mit unserer eigene Kindheit auseinander zu setzen. Und dann erziehen wir unsere Kinder egoistisch. Das heißt, dass wir oft das tun, was zuerst für uns als Eltern besser passt und wir gehen dann davon aus, dass es auch den Kindern passen sollte und müsste. Wir fragen uns oft nicht „was ist für das Kind gut?" Etwas kann für uns Eltern nicht passen, aber für das Kind genau das Richtige sein. Oder umgekehrt. Wir hören oft Eltern sagen „…ich kann mit diesem Erziehungsstil nichts anfangen" oder … das passt mir nicht usw." Es geht immer um uns Eltern. Es geht häufig nicht darum, ob es für die Kinder gut ist oder nicht, sondern ob es für die Eltern gut ist oder nicht, ob sie damit leben können oder nicht. Und wie können Eltern sich dann später von ihren Handlungen distanzieren und die Kinder verantwortlich machen, wenn diese wegen der Dinge, die sie von ihren Eltern aufgesaugt haben, weil diese sie gut fanden, sich kaputt machen und zum Psychologen müssen?

Wir Eltern setzen wir uns nicht mit der Erziehung durch unsere Eltern auseinander, auch wenn wir sichtlich Tonnen von Defiziten haben, die auch durch zahlreiche Therapien nicht weggehen. Wir stellen die Erziehung unserer eigenen Eltern nicht in Frage, obwohl wir leiden. Automatisch werden diese Defizite der nächsten Generation (unseren Kindern) übergeben. Das ist Energievampirismus. Wir haben kein Recht, unseren Kindern den Müll unserer Familien weiterzugeben. Sie haben das nicht verdient. Unsere Kinder sind nicht dazu da, unsere eigenen Schwierigkeiten zu lösen.

Ich habe fast vier Jahre gebraucht, um dieses Buch zu schreiben. Der Titel war für mich schon klar, aber ich wollte so viele Informationen wie möglich sammeln. Ich wollte die Ergebnisse meiner aktiven Betreuung freiwilliger Familien abwarten. Ich wollte, dass das Buch sehr praxisnah ist.

Dieses Buch ist nicht „die Wahrheit". Es sind nur meine Erfahrungen:

1- Als Vater mehrerer Kinder mit verschiedenen Müttern verschiedener Kulturen, das heißt, verschiedener sozialen Richtungen und Realitäten.

2- Als ältester Sohn einer großen Familie mit über 200 Geschwistern, Neffen und Nichten, Cousins und Cousinen.

3- Durch praktische Erfahrungen mit unterschiedlichen Kulturen: der Afrikanischen – ich bin Afrikaner und Christ; der Europäischen – vier meiner Kinder sind Afro-Deutsch, ich lebe und arbeite seit 24 Jahren in Deutschland; und der Arabischen – meine Schwester hat einen Mann dieser Kultur geheiratet und sie haben drei Kinder, die ich auch miterziehe – so setzte ich mich auch mit der islamischen Erziehung auseinander.

4- Durch das Coaching, dem Beraten von Kindern und Eltern in Deutschland.

5- Durch die Mitwirkung an zahlreichen Studien, Recherchen, Umfragen, Gesprächen, Beiträgen von Eltern, Kindern, Lehrerinnen , Erzieherinnen , Kinderärzten und Kinderpsychologen.

Die Hälfte meines Lebens habe ich in Deutschland, in Europa, verbracht. Ich hatte das Glück, unterschiedliche kulturelle Gesellschaften sehr nah und intensiv zu kennen und Menschen unterschiedlicher Kulturen zu betreuen. Wenn es um Kinder geht, habe ich in allen Kulturen die gleiche und einzige Erkenntnis gehabt: Ein Kind braucht nur Liebe, Zeit, Respekt und Gerechtigkeit. Die Liebe dabei ist das Wichtigste und in der Liebe steckt bereits alles, was nötig ist.

Am Anfang wollte ich nur ein einziges Buch schreiben, in dem die Gründe, warum unsere Kinder unglücklicher werden, sowie Tipps, Tricks und Geheimnisse für eine liebvolle Erziehung gemeinsam beschrieben würden. Aber nun habe ich mich, auch auf Anraten von Freunden und Eltern, die von meiner Idee informiert und begeistert waren, doch entschieden, zwei Bücher zu veröffentlichen, sonst wäre das Buch zu dick, zu voluminös geworden, mit zu vielen wertvollen Informationen auf einmal. Die einen oder anderen Vorschläge wären zu kurz gekommen oder untergegangen. Ich persönlich bevorzuge auch kurz gehaltene Ratgeberbücher, da man daraus schneller mehr lernen kann und weil das Gelesene länger hängen bleibt.

In diesem Sinne biete ich dir sowohl

Ich wünsche mir, dass die Leser sich Zeit nehmen für die beiden Bände **„Unglückliche Kinder – was machen wir bloß falsch?"** und **„Unglückliche Kinder – noch mehr Dinge, die wir falsch machen können"** oder für den Komplett-Ratgeber **„Aufstand der Kinder"**. Dass sie diese Bücher lesen und verstehen, was ich meine, bevor sie das nächste Buch **„Tipps, Tricks und Geheimnisse für eine liebevolle Erziehung von Kindern und Erwachsenen, mit praktischen, anwendbaren Fallbeispielen mit sofortigen positiven Ergebnissen, auch bei harten Fällen"** ebenfalls lesen. So kann ich in jedem Band das Thema sehr ausführlich beschreiben und jeden Band mit Beiträgen von Eltern über ihre eigenen Erfahrungen bereichern.

Ich möchte mit diesen Büchern weitere Lösungsansätze, neue und andere Möglichkeiten aufzeigen, damit wir Eltern unseren Horizont erweitern und am Ende selbst über unsere

Art der Erziehung bestimmen, um uns und unsere Kinder erfolgreich zum Glücklichsein zu erziehen.

Man kann leicht tolle Ratschläge geben, aber die Realität kennen immer nur die Eltern vor Ort, die meistens ihr Bestes geben, damit es ihren Kindern besser geht, auch wenn es nicht immer so klappt wie sie wollen. Manche schaffen es einfacher, weil sie die Chance hatten eine glückliche Kindheit zu erleben, oder die Fähigkeit haben sich das Glücklichsein beizubringen, andere schaffen es weniger oder kaum, weil sie das Pech hatten „unter einem schlechten Stern" geboren zu sein, oder die Kraft nicht hatten sich umzuerziehen. Aber etwas hat mir große Freude gemacht in allen Gesprächen, die ich geführt habe: das Ziel der allermeisten Eltern ist es, ihre Kinder glücklich zu sehen. Sie wollen es, aber wir können noch mehr tun und es geht genau um diese Mehr.

Dieses Buch soll auf keinen Fall so gelesen werden, als sei es das Buch von einem, der alles besser weiß, alles im Griff hat und alles super toll macht. Es ist das Buch von einem, der vielleicht auch nicht immer alles so geschafft hat, wie er es hier darstellt. Ich bin kein Experte, bzw. als Vater bin ich nur einer von vielen Experten. Kein Ratgeberbuch der Welt kann die Eltern ersetzen.

Wir denken manchmal, wir machen alles perfekt und sind die besten Ratgeber für andere Menschen. Aber irgendwann kommen doch Situationen, in denen man sieht, dass man den besten und richtigen Weg nicht kennt. Wir erkennen unsere Grenze und es wird uns bewusst, dass jeder das tut, was er kann. Aber auch dafür lohnt es sich, sich zu bemühen.

Kein Buch der Welt, kein Kindertherapeut, kein Coach, kein Psychologe kennt unsere Kinder besser als wir selbst. Kein anderer Mensch ist Experte für die Erziehung unserer Kinder, denn die wahren Experten sind die Eltern selbst.

Dieses Buch ist wie eine Plauderei unter Eltern, eine Art Austausch von Ideen und Erfahrungen.

Denn sich austauschen kann sehr helfen – na dann, tauschen wir uns aus!

Über mich

Mein Wissen beruht auf praktischen, langjährigen und direkten Erfahrungen:

- seit 22 Jahren als Vater und Erzieher von mehreren Kindern verschiedener Frauen aus verschiedenen Kulturkreisen, der afrikanischen und europäischen bzw. deutschen Kultur, die ich seit über 22 Jahren jeden Tag erlebe. Die Mütter meiner Kinder kommen selbst ebenfalls aus Familien mit sehr unterschiedlichen Strukturen und Bildungsniveaus. Das macht für mich als Vater die Erziehung jedes Kindes anders und spannend, aber auch herausfordernd.

- Als ältester Bruder einer afrikanischen „Truppe" von acht Kinder meiner Mutter (und über 20 Kindern meines Vater, der drei Frauen hatte), für die ich nach unserer Kultur sehr früh die Funktion eines Erziehers (hier Vater und Mutter) übernehmen musste. Dafür musste ich ständig geschult werden. Das war eine echte Erziehungsschule mit viel Theorie, aber vor allem sehr praktischer und pragmatischer Wissensvermittlung, mit vielen Prüfungen, die mir persönlich halfen und mir auch halfen, die Vertretung meiner Eltern erfolgreich zu übernehmen. Das Beste dabei war, dass die ältesten Kinder geschlechtsneutral ausgebildet wurden. Das heißt, wir wurden ausgebildete, gleichzeitig die Funktion von Papa und Mama übernehmen zu können. Ich bin also Papa und Mama seit ich 12 Jahre alt war. Verantwortung und Wissen wurden immer nach und nach vermittelt, so dass es nach unserer Kultur altersgerecht war und so habe ich es als Kind auch empfunden. Heute freue ich mich sehr, diese

Erfahrungen gemacht zu haben, die meine jüngeren Geschwister „leider" nicht in so einem Maß kennen. Aus diesen Erfahrungen habe ich sehr viel gelernt und viel Wissen gesammelt, das man kaum aus Büchern lernen kann.

- Als Coach und Berater habe ich viele Menschen – Frauen, Männer, Paare, Kinder – unterschiedlicher Kontinente, Kulturen, sozialer und beruflicher Kreise betreut. Dabei habe ich zum Beispiel gelernt, dass wir als Erwachsene trotzdem noch die Kinder unserer Eltern sind. Egal wie gefestigt, wie erfolgreich die Menschen sind, sie sind doch im Grunde immer noch sehr mit ihrer Kindheit verbunden und mit dem, was ihren Eltern passierte oder noch passiert.

Ich kann also sagen, dass ich als praktischer *„Kinder und Familienpsychologe"* tätig bin, seit ich Kind war und dies nun seit über 36 Jahren erfolgreich ausübe.

Ich bringe Erfahrungen aus zwei unterschiedlichen Kulturen mit, die ich vereinen musste, um meinen Kindern das Bestmögliche zu geben. Dieses Wissen und diese Erfahrungen haben die Menschen, die meinen Rat suchten, immer als eine große Bereicherung empfunden.

Meine afrikanisch-inspirierten Tipps und Tricks helfen Eltern, auch noch so harte Nüsse weichzukochen, und das alles mit Liebe, Geduld, Konsequenz und Gerechtigkeit. Dafür ist es sehr wichtig sich selbst zu kennen, zu lieben und sich zum Glücklichsein zu erziehen.

Kurze Einleitung

Warum können manche Kinder bestimmte Krisensituationen besser verarbeiten als andere? Warum sind manche Kinder glücklich und anderen nicht?

Warum können manche Eltern bestimmte Krisensituationen besser verarbeiten als andere? Warum sind manche Eltern glücklich und andere nicht?

Warum werden Kinder immer unglücklicher?

Der erste Grund sind wir Eltern selbst.

Die glückliche Erziehung der Kinder fängt mit der glücklichen (Um)Erziehung der Eltern an.

Eltern, die unglücklich sind, können schwerlich ihre Kinder glücklich machen. Eltern, die von ihren eigenen Eltern nicht glücklich erzogen wurden, können nicht ohne weiteres ihren eigenen Kindern glückliche Gefühle weitervermitteln.

Nur wer von seinem eigenen Elternhaus früh gelernt hat glücklich zu sein, kann dies auch erfolgreich seinen Kindern beibringen. Wer das nicht erleben konnte, muss sich um/neu/anders-erziehen, sich von seiner unglücklichen Kindheit distanzieren, um dann seine Kinder glücklich zu erziehen.

Unsere Kindheit beeinflusst unsere Handlungen und Gewohnheiten massiv – ob wir es wollen oder nicht. Nur wem das bewusst ist, kann aktiv und gezielt davon profitieren.

Auf jeden Fall ist bei der Kindererziehung eine kritische Betrachtung der eigenen Kindheit sehr wichtig, da der Mensch bekanntlich das in der Familie gelernte Muster unbewusst weitergibt. Das ist das erste Geheimnis glücklicher und erfolgreicher Erziehung von Kindern, damit sie es als Erwachsene einfacher haben und bei Schwierigkeit nicht kaputtgehen.

Wir Eltern sind die ersten Psychologen, Lehrer, Coachs unserer Kinder!

Wir tragen eine große Verantwortung dafür, dass unsere Kinder morgen glücklich, stark und selbstbewusst sind.

Minderwertigkeitskomplexe, niedriges Selbstwertgefühl und mangelnde Selbstliebe haben ihr Wurzeln in der Kindheit.

Wir können als Eltern das Leben unserer Kindern bewusst entscheidend erleichtern oder auch verkomplizieren und ihnen ihre Energie ständig rauben. Wir können Energievampire sein. Das bedeutet, dass wir unseren Kindern die Kraft nehmen, sie unsicher machen, Ängste in sie implantieren und Minderwertigkeitskomplexe fördern, die Vorboten seelischer Krankheiten.

Energievampire sind, anders als allgemein angenommen, nicht nur Menschen, die uns bewusst oder unbewusst schaden wollen, sondern es können auch Menschen sein, die uns übertrieben Gutes tun wollen.

Wir werden gemeinsam viele Punkte angehen und wir werden sehen, wie wir Eltern oft die Energie unsere Kinder rauben, ohne es zu wollen und ihnen das wegnehmen, was sie brauchen, um Kraft zu haben. Unsere „selbstlose" Art ist nicht unbedingt das, was unseren Kindern gut tut, sondern was uns gut tut, uns allein.

Wir programmieren und Konditionieren unsere Kinder unbeabsichtigt oder beabsichtigt zum Unglücklichsein. Wir hypnotisieren sie negativ.

Viele Bereiche gehen so ineinander über ,dass es vorkommen kann, dass gleiche Themen in mehreren Bereichen angesprochen werden, dies geschieht mit Absicht, damit ich ausführlich über die Gründe, die dazu führen, dass unsere Kinder unglücklich sind, schreiben kann.

Wie schon gesagt, tauschen wir uns jetzt aus.

Die Erziehung eines Kindes fängt mit der Erziehung der Eltern an

Man kann nicht über eine glückliche Erziehung von Kinder sprechen, ohne die Situation der Eltern miteinzubeziehen.

Ich fange mit diesem Punkt an, weil wir Eltern die wichtigsten Personen für unsere Kinder sind. Wir entscheiden maßgeblich darüber, ob unsere Kinder es einfacher haben werden oder nicht. Die Wiege eines glücklichen oder unglücklichen Lebens liegt in unseren Händen.

Keine ehrliche Auseinandersetzung der Eltern mit der eigenen Kindheit, keine Selbstreflektion des eigenen Lebens

Unvollständige oder gar keine Auseinandersetzung mit eigener Kindheit ist ein Grund, warum wir Eltern unsere Kinder nicht gut erziehen. Wir Eltern mögen uns nicht so gerne sagen lassen, dass wir auch Fehler machen. Noch weniger, dass man glaubt, wir wären überfordert.

Was wir Eltern in unserer eigenen Kindheit erfahren haben, beeinflusst die Erziehung unserer Kinder, da wir dazu tendieren, weiterzugeben, was wir selbst erfahren haben, ob gut oder schlecht.

Eltern, die Gewalt erfahren haben, neigen dazu, ihre Kinder auch mit Gewalt zu erziehen. Zum Beispiel zeigen Studien, dass viele Menschen, die als Kind missbraucht wurde, später ihre eigenen Kinder missbrauchen. Umgekehrt trifft das auch zu: Eltern, die als Kind liebe- und respektvoll erzogen wurden tendieren dazu, ihre Kinder mit Liebe und Respekt zu erziehen.

Wir glauben, dass wir uns, weil wir erwachsen sind und über uns selbstbestimmen können, automatisch von unserer Kindheit und von unseren Eltern abgenabelt haben. Bewusst mag das zutreffen bzw. fühlt es sich für uns so an, aber unbewusst sind wir doch sehr mit den Erlebnissen und Erfahrungen unserer Kindheit und der Zeit des Heranwachsens verbunden und an sie gebunden.

Unsere Kindheit spielt eine große Rolle bei der Art, wie wir selbst unsere Kinder erziehen. Deswegen ist es sehr wichtig zu filtern, was wir weitergeben wollen und was nicht. Das geht nur, wenn wir es ohne Wenn und Aber schaffen, uns mit unserer Kindheit auseinanderzusetzen. Wir tun es leider aus verschiedenen Gründen nicht.

Es gibt überall Tipps und Tricks, es wird von Geheimnissen von glücklichen Kindern erzählt, aber man vergisst dabei, dass alles bei den Eltern selbst anfängt. Es wird so getan, als ob die Kinder eine spontane Generation sind, ohne Vorgeschichte.

Nein, ob Kinder glücklich werden bzw. glücklich erzogen werden hängt auch stark von der Kindheit der Eltern, ihren Erlebnissen und ihrer momentanen seelischen und körperlichen Verfassung ab.

Nur wer sich selbst liebt, glücklich ist und das auch auslebt, kann seine Kinder glücklich erziehen und Liebe geben, indem er Glücklichsein vorlebt und nicht nur darüber spricht.

Die Eltern müssen knallhart ihre Kindheit unter die Lupe nehmen und den Mut haben, einiges in Frage zu stellen

Aber viele Eltern stellen sich sehr selten in Frage. Sie stellen ihre Erziehungsmodelle selten in Frage und schaffen es nicht oder trauen sich nicht, sich mit ihrer eigenen Kindheit, das heißt es mit ihrer Vergangenheit, auseinanderzusetzen.

Es ist sehr wichtig, sich mit seiner eigenen Kindheit auseinanderzusetzen ohne den Eltern Vorwürfe zu machen. Aber manche Dinge müssen raus und aufgeräumt werden, bevor es weitergehen kann. Nur so können wir uns entwickeln und uns entfalten.

Was war schön, worüber habe ich mich gefreut und was war nicht schön? Was will ich meinen Kindern nicht weitergeben? Das sind einige der Fragen, die wir uns als Eltern stellen sollten, bevor wir unsere Kinder erziehen.

Ich habe vier Typen von Eltern ermitteln. Ja, nur vier Typen, um die Sache zu vereinfachen. Es könnten noch mehr sein, aber die relevanten Aspekte, die uns helfen, Dinge zu verstehen, kann man meiner Meinung nach in vier Kategorien aufteilen:

Typ 1: Eltern, die undistanziert und unreflektiert ihren Kindern weitergeben, was sie in ihrer Kindheit mitbekommen und gelernt haben. Sie waren nicht ganz zufrieden mit ihrer Kindheit oder gar nicht zufrieden, aber sie setzen sich aus verschiedenen Gründen nicht mit ihrer Kindheit auseinander. Sie haben Angst, ihre Eltern zu verletzen. Sie denken, dass sich auseinandersetzen und die Kindheit sortieren eine Ablehnung der Eltern ist, dass es die Eltern in Fragen stellt. Sie geben ihren Kindern unreflektiert fast 100% das weiter, was sie als Kind erlebt und erfahren haben.

War zum Beispiel der Vater dominant, wird der Sohn auch sehr dominant sein. War die Mutter die dominante, wird die Frau in ihrer Beziehung auch das tun, was ihre Mama getan hat.

Typ 2: Eltern, denen schon bewusst ist, dass sie keine schöne Kindheit hatten, die sie auch bewusst ablehnen. Sie distanzieren sich scharf von ihrer eigenen Erziehung als Kind und sind entschieden, alles anders zu machen, ihre Kinder anders zu erziehen. Oft sind sie auch sehr unreflektiert und radikal. Sie geben dem Kind einfach das Gegenteil von dem, was sie in ihrer Kindheit erlebten. Sie werfen ihren Eltern alles Mögliche vor und sind der Meinung, ihre Kindheit war nichts wert.

Typ 3: Eltern, die abwiegen und empathisch sind. Sie haben eine schöne oder weniger schöne Kindheit gehabt, aber es gibt Punkte, die sie aus Erwachsenensicht gerne anders gehabt hätten. Sie setzen sich fair mir ihrer eigenen Kindheit auseinander und geben weiter, was sie damals gut fanden und auch heute als Erwachsene noch gut finden. Sie distanzieren sich von dem, was nicht gut war und machen niemandem Vorwürfe.

Typ 4: Eltern, die in keine Kategorie passen. Sie machen sich überhaupt gar keine Sorgen und wissen gar nicht, dass ihre eigene Kindheit einen Einfluss auf sie hat.

Die Auseinandersetzung mit der eigenen Kindheit hat Sinn. Das habe ich an eigenem Leib erfahren.

In meiner Erziehung in Afrika waren Schläge eine erfolgreiche Erziehungsmethode. Es ging darum, die Kinder dazu zu bringen respektvoll zu sein, sich an Regeln zu halten, das zu tun, was von ihnen erwartet wurde usw. Ja, am Ende haben wir alles das tatsächlich getan, aber die Schläge taten sehr weh und waren nicht gut für mich, auch wenn die Eltern dadurch bekamen, was sie wollten.

Als ich selbst Vater wurde, habe ich nachgedacht, wie ich als Vater meinen Sohn erziehen möchte. Ich schrieb alles auf, was mir in meiner Kindheit gefallen hatte und was nicht.

Beim Thema Schlagen musste ich wirklich sehr hart mit mir hin und her kämpfen. So hartnäckig war die Programmierung in meinem Kopf, dass Schläge dazu da sind, das Kind gut zu erziehen. Warum sollte ich auf dieses nützliche Mittel verzichten? Als ich bei anderen Paaren sah, wie frech, respektlos, egoistisch ihre Kinder waren, als ich sah, wie manche ihre Eltern beschimpften oder sogar schlugen und die Macht über ihre Eltern hatten, gewann die Erziehungsart meiner Eltern nochmal an Gewicht.

„Seht ihr, wenn ihr die Kinder so erzieht, ohne ihnen an den Ohren zu ziehen, werden sie immer ungezogen bleiben", warf ich einem deutschen Paar vor.

„Wir stehen nicht auf Schläge als Erziehungsmethode, das wäre Gewalt und außerdem ist es gesetzlich verboten", sagte das Paar.

„Und ihr glaubt, dass das, was ihr mit euren Kindern tut keine Gewalt ist? Für mich ist es schlimmer als körperliche Gewalt. Ihr bestraft eure Kinder mit Worten und übt psychischen Druck auf sie aus, mit Liebesentzug, Hausverbot, Fernsehverbot, Redeverbot, oder noch schlimmer: mit diesen langen Gesprächen mit den Kindern, damit sie ihre Fehler und ihre Schuld einsehen. Ihr redet mit Kindern über Dinge, die sie, wegen ihres Alters noch gar nicht verstehen können. Ihr bittet kleine Kinder darum, Versprechen abzugeben, wenn man doch weiß, dass sie es Morgen wieder tun werden. Ihr werdet dann wieder kommen und reden und den Kindern erzählen, dass sie das Versprechen gebrochen haben. Das finde ich schlimm, schon so früh Kindern Schuldgefühle zu geben (ich bin schlecht, ich habe mein Versprechen nicht angehalten). Ich glaube, dass diese Methode den Kindern später seelisch mehr schadet, als meine Schläge", so ungefähr argumentierte ich.

Ich war entschieden, die Erziehungsmethoden meiner Eltern fortzuführen und das tat ich auch einmal. Ich gab meinem Sohn einen kleinen Klaps. Es war wirklich eher so ein festes Drücken auf den Po, als ein Klaps. Ich glaube mein Sohn war erschrocken und weinte. In diesem Moment erinnerte ich mich an meine eigenen Schmerzen als Kind, und auf der Stelle entschied ich mich, so etwas nie wieder zu tun. Ich würde weder die lasche, europäische Methode benutzen, noch diese harte, afrikanische, aber ich würde auf meinen guten Werten bestehen, die ich meinem Sohn vermitteln möchte.

Ich musste deswegen eine andere Methode suchen, die Gewalt jeglicher Art ausschloss, einen Weg ohne Gewalt, mit dem ich am Ende das gleiche Ziel erreichte.

Ich entschied mich einfach, das Schlechte an den Erziehungsmethoden meiner Eltern meinen Kindern nicht weiterzugeben.

Hätte ich mich nicht mit meiner Kindheit auseinandergesetzt, hätte ich das nicht gesehen, weil meine Kindheit eigentlich super war, aber wie man weiß, der Teufel liegt in den Details. Ich tat dies auch ohne meine Eltern in Frage zu stellen.

Ein anderes Bespiel ist die Strenge. Unsere Mütter waren sehr streng, unser Vater weniger. Meine Mütter waren verbal sehr aktiv und auch mal hart, aber mein Vater war verbal sehr sanft, dennoch hatten wir mehr Respekt vor ihm, als vor den Personen von denen mehr Drohungen kamen. Das war der Beweis dafür, dass vieles Schimpfen mit den Kindern und ständiges auf sie Einhämmern nicht unbedingt das ergibt, was man erwartet.

Diese Kindheitsanalyse brachte mich dazu, zu beschließen niemals ein falsches Wort, ein Schimpfwort, ein Fluchwort an meine Kinder zu richten und diese auch in ihrer Anwesenheit nie zu benutzen. Wie wir wissen, Worte können schlimmer sein als Schläge, weil sie sich in unserem Unterbewusstsein festkleben und unsere Handlung tiefer unbewusst prägen.

Das Schlimme kommt nicht erst wenn man es sieht. Es fängt schon im Fundament an. Aber leider versuchen wir

Menschen oft, nur das, was wir sehen wegzuwischen, anstatt ans Fundament zu gehen.

„Burn-in" ist der gesäte Schimmel im Fundament und „Burn-out" ist nur das was herauskommt.

Ein Auszug aus meinem Roman „Blackout" verdeutlicht noch besser, was ich beschreiben möchte. Es ist ein Gespräch zwischen einem Mann, der Probleme hat und seinem Therapeuten.

Coach Camara: Herr Walker, wissen Sie, unser Leben ist doch sehr geprägt von unseren Erlebnissen in der Kindheit. Ich weiß, dass wir durch neue Theorien versuchen, die Rolle der Kindheit zu minimieren. Wir tun das, weil wir keine Verantwortung für das Scheitern übernehmen wollen. Das Scheitern, sei es als Eltern oder als Kind. Wir schämen uns, als Eltern zu sehen, dass unsere Erziehungsmethode nicht die richtige war, und dass wir es vermasselt haben, dass wir versagt haben und es anders hätten machen müssen und wir schämen uns als Kind, dass nun erwachsen geworden ist, dass unser Leben doch von unserer Kindheit, einer fremden Macht, beeinflusst wird. Es steht doch in allen Büchern, dass jeder sein Schicksal in seinen eigenen Händen hält und jeder sein eigener Meister und der Schmied seines eigenen Glückes ist. Alle, die das anders sehen und anderes behaupten, werden Versager genannt. Sie würden ihre Kindheit nur als Entschuldigung nutzen, um ihre Unfähigkeit zu erklären. Somit schneiden wir uns als erwachsenes Kind von unserer Kindheit ab, anstatt uns auf natürliche und gesunde Weise abzunabeln. Aber wir vergessen, dass die Trennung nur auf der rationalen Ebene stattfindet, dass alles was uns regiert, in der irrationalen und unbewussten Ebene stattfindet und dort steht unsere Kindheit ganz brav bereit. Wir schneiden uns von unserer Kindheit ab und sind dennoch nicht abgenabelt. Diese Art unsere Kindheit zu betrachten, entlastet die Eltern. Wir versuchen die Trennung unserer Handlung und unseres Verhaltens von unserer Kindheit im Erwachsenenalter zu verteidigen, und deswegen geben wir unsere Erfahrungen an unsere Kinder weiter und so vererbt sich die Sünde von Generation zu Generation und wird fast genetisch. Das ist ein Fehler, sowohl für die Kinder, als auch für die Eltern. Wir als Eltern können so unser Gewissen einigermaßen beruhigen. Wir schieben die Verantwortung auf andere: Lehrer, Schule, Erzieherin, Kita, Sport, den Partner, die Gesellschaft, den unfähigen Psychologe, usw. Wir selbst wollen uns nicht in Frage stellen und wenn es wirklich nicht mehr geht, schicken wir das Kind zur Therapie und nun sind wir die Sache endgültig los. Nun ist es der Therapeut, der seine Arbeit nicht richtig macht, falls dem Kind nicht geholfen wird. Wir als Eltern denken nicht daran, uns an diese Therapie anzuschließen. Wir sehen uns nicht mehr als Teil des Problems. Aber das ist leider der Grund, warum vielen Menschen nicht langfristig geholfen werden kann, weil ein Puzzleteil fehlt in der ganzen Therapie: die Eltern. Es reicht nicht, die Kindheit zu durchforschen und die Eltern zu schönen. Wir als Eltern schieben gern Verantwortungen ab. Wenn das Kind in der Schule schlecht ist, dann ist der Lehrer schuld. Wenn es an Gewicht zunimmt, dann ist das Essen in der Schule oder gar die ganze Lebensmittelindustrie, die Limonade, Cola, zuckerreiches Fertigessen schuld. Wenn es in der Kita durch sein Verhalten ständig negativ auffällt, dann sind die Erzieherinnen schuld, wenn es beim Sport nicht durchhält, dann ist der Trainer schuld, wenn es Schwierigkeiten mit anderen Kindern hat oder kaum Freunde, dann sind die anderen Kinder schuld, sie sind neidisch. Dabei fragen wir uns nicht, ob wir uns Zeit nehmen, um die Hausaufgaben des Kindes zu kontrollieren, uns mit dem Kind zu bewegen, selbst und *frisch zu kochen, mit den Kindern zu spielen, anstatt nur Spiele zu kaufen usw.*

Johnny: *Warum tun Eltern das denn? Warum können sie nicht einsichtig sein und ihre Fehler sehen?*

Coach Camara: *Ich habe es doch gerade erklärt, Herr Walker. Sie tun es unbewusst, weil sie alle immer denken, sie lieben ihre Kinder und würden ihnen niemals etwas Unschönes antun. Sie sind der festen Überzeugung, dass sie dem Kind nur Gutes wollen und nur Gutes tun. Wenn etwas Ungutes auftaucht, dann kann es nicht von ihnen kommen. Sie schieben es gern am Ende auf die Kinder, damit sie sich selbst nicht in Frage stellen müssen.*

Johnny: *Und wir Kinder, warum erkennen wir das nicht, um den Eltern unsere Forderungen zu stellen?*

Coach Camara: *Nicht alles was wir als Erwachsene tun und sind ist unserer Kindheit zu verdanken oder zu verschulden. Sie müssen mich nicht falsch verstehen. Ich sage auch nicht, dass unsere Kindheit uns voll und 100% steuert, sondern dass sie uns beeinflusst. Und man kann jeden Einfluss auch beenden. Ich glaube, die Kinder tendieren dazu, die Eltern zu verteidigen und zu rechtfertigen. Dieses Verhalten ist intensiver je mehr das Kind von den Eltern abhängig ist, besonders finanziell. Die Eltern sagen uns doch die ganze Zeit, dass sie uns liebhaben, sie nennen uns Schatz, Liebling und schenken uns so viel, usw. Sie werden von vielen Kindern, von vielen Menschen folgende Sätze über ihre Eltern hören „sie meinen doch nur gut. Sie wollen mir nur helfen". Darum geht es gar nicht. Aber die Kinder tun alles, um die Eltern nicht zu belasten. Sie belasten lieber sich selbst. Vor den Eltern schauspielern sie. Vor den Eltern verhalten sie sich so, als ob die Welt golden wäre. Sie kaschieren ihr Leiden. Es ist eine subtile, unbewusste Manipulation der Eltern, die die Kinder dazu bringt sich so zu* verhalten. Viele Eltern lassen die Kinder nicht los und irgendwann lassen die Kinder die Eltern nicht mehr los. Es ist nicht gut und befreit das Kind nicht, wenn die Eltern diese emotionale Kind-Elternabhängigkeit nicht irgendwann abbrechen. Die Kinder müssen ihre eigenen Erfahrungen machen. Sie müssen lernen zu leiden. Sie müssen versuchen, den Berg allein zu erklimmen. Die meisten Eltern intervenieren zu viel und zu früh und zu falscher Zeit. Dadurch machen sie sich unersetzbar und binden so das Kind. Das Kind entfaltet sich nicht und glaubt am Ende, dass es ohne die Eltern nichts schaffen kann. Egal, ob es gut gemeint ist oder nicht, finde ich diese Art egoistisch und machtgesteuert. Die Eltern versuchen, auch von weitem die Zügel in der Hand zu halten und so mischen sie sich ins Leben ihres Kindes ein. Wenn das Kind sich dann querstellt, kommen die Vorwürfe, das Kind wäre nicht dankbar. Die Eltern müssen einfach diese afrikanische Weisheit akzeptieren: „Du gebärst ein Kind, aber du gebärst sein Herz nicht. Lass das Kind ziehen. Mach das Kind nicht von dir abhängig. Löse nicht dein Problem, indem du das Kind schwach machst und schwach hälst. Das Kind gehört dir nicht. Du bist nicht sein Leben und es ist nicht dein Leben und auch nicht dein Lebensinhalt."

Er machte eine Pause und fuhr fort:

Coach Camara: Haben Sie sich gefragt, warum die meisten Kinder nicht mehr haben und oder mehr schaffen als ihre Eltern? Warum sind die Eltern erfolgreicher als die Kinder? Es sollte normalerweise anders sein. Überlegen Sie ein bisschen. Haben die Kinder der Gründer von Mercedes, BMW, Grundig, Ford, Porsche, die Kinder großer Menschen, wie Helmut Kohl, Thatcher, Francois Mitterrand, Michael Jackson, Elvis Presley, usw. etwas Großes auf die Beine gestellt? Ein Produkt mit einem Namen, der bleiben wird, wie ihre Väter es taten? Ich habe diese großen Namen absichtlich gewählt, damit Sie schnell und besser verstehen können was ich meine. Nun *übertragen Sie diese Beispiele auf andere, nicht so große Menschen. Sie werden sehen, dass es fast überall so ist.*

Johnny: *Lassen Sie mich überlegen. Ja, das stimmt eigentlich. Ich bin doch das beste Beispiel. Ich und mein Vater. Warum ist es so und warum war mein Vater erfolgreicher als Opa?*

Coach Camara: *Es ist so, weil die Eltern über ihre Kinder Macht behalten wollen. Es passiert unbewusst. Kinder, die erfolgreicher sind als ihre Eltern, wie dein Papa und Opa, sind Kinder, die bestimmte gesellschaftliche und familiäre Strukturen abgelehnt und damit gebrochen haben. Sie haben damit Schluss gemacht und eigene Regeln aufgestellt. Es sind Kinder, die rebelliert haben oder Kinder, die aus Familien stammen, in denen man bewusst die Kinder so erzieht, dass sie wie Vögel frei fliegen und ihre eigenes Ding machen und nicht dableiben, um auf das Erbe der Eltern zu warten und später dieses zu verwalten. Das ist manchmal eine sehr subtile Sache. Sie werden Eltern sehen, die vor den Kindern stehen und über ihr Vermögen reden, und sie lassen das Kind schon früh wissen, dass sie so hart im Leben kämpfen damit das Kind es später einfacher hat, und wenn es nett ist, wird es diese materiellen Sachen später bekommen. Sie hypnotisieren das Kind, dass nun schon weiß, wenn die Eltern nicht mehr da sind, gehören mir das Haus, das Geld usw. Unbewusst sieht dieses Kind nicht mehr die Notwendigkeit, mehr zu tun als das Nötigste. Somit unterstellt es sich den Eltern, die automatisch Macht über es haben. In Afrika musstest du früher als Mann spätestens mit 17 das Haus der Eltern verlassen und wegziehen. Manche sahen ihre Eltern und Kinder nie mehr, aber sie waren trotzdem durch diese magische Liebe liiert. Die Eltern waren zufrieden und stolz darauf, dass sie dem Kind alles das gegeben hatten, womit es alleine erfolgreich sein Leben meistern kann.*

Johnny: Aber es ist nicht bei allen Familien so, oder?

Coach Camara: *Oh nein! Das wäre schlimm! Nein, es ist ganz klar nicht bei allen Familien so. Sie werden sehen, dass Menschen, die gesunde Erfolge haben, denen es ganz gut geht und die glücklich sind, die mehr geschafft haben als die Eltern, ein ganz klares Verhältnis und eine klare Grenze zu ihren Eltern haben und auch umgekehrt. Das sind Familien, in denen Probleme nicht unter den Tisch gekehrt werden, damit Frieden mit allen Mittel herrscht, sondern Familien, die Auseinandersetzungen nicht scheuen. Sie habe sich nichts vorzuwerfen und gehen offen mit Differenzen und Auseinandersetzungen um. Deswegen können sie auch harte Meinungsverschiedenheiten durchdiskutieren und zur Not auch, falls keine befriedigende Lösung für alle gefunden wird, eine Zeitlang Abstand voneinander nehmen, ohne Angst zu haben, dass die Familie zerstört wird. Das ist sehr gesund und sehr wichtig für die Entfaltung jedes einzelnen Mitglieds der Gruppe. Das sind Familien, in denen die Eltern die Kinder losgelassen haben. Wenn solche Eltern das Ergebnis ihrer Arbeit sehen, sind sie zufrieden. Sie wissen, dass sie keine Leichen im Keller haben und haben eine entspannte Beziehung zu ihren Kindern. Liebe allein reicht nicht, um ein Kind von psychischen Beschwerden fernzuhalten. Man muss miteinander ehrlich sein.*

Johnny: Wie sieht dieses Ergebnis aus?

Coach Camara: *Man erkennt einen guten und gesunden Baum an seinen Früchten und umgekehrt. Das heißt, diese Eltern sehen stolz, wie sich ihre Kinder ohne ihr Zutun, bzw. nur mit marginaler Hilfe, durch das Leben schlagen. Die Kinder sind selbstständig und eigenständig. Sie sind sich der Liebe der Eltern sicher und deswegen brauchen sie sie (Eltern) gar nicht so unbedingt in der Nähe. Sie sind einfach glücklich und seelisch gesund. Das allein ist der*

Maßstab, ob die Arbeit als Eltern erfolgreich war oder nicht. Ob sie wirklich den Kindern das mitgegeben haben, was sie brauchen, um sich nun allein, mit ihren eigenen Mitteln, in diesem harten Leben durchzusetzen und glücklich zu sein. Ja, glücklich zu sein. Das ist alles, was zählt. Ein glückliches Kind ist sich der Liebe seiner Eltern sicher und braucht deswegen als Erwachsener die Eltern als Versorger kaum noch.

Johnny: *Ich habe den Eindruck, Herr Camara, dass Sie von mir reden.*

Coach Camara: *Hören Sie auf mich ständig zu unterbrechen. Ich war noch nicht fertig mit den glücklichen Kindern. Ja, glückliche Kinder sind frei von der anhänglichen, kindischen Eltern-Kind-Beziehung und sind stark in der neuen Form der Beziehung Eltern-Erwachsener. Aus dem Kind wird nun Sohn oder Tochter, aus den Eltern werden Vater und Mutter und nicht mehr Papa und Mama. Die Eltern müssen dafür sorgen, dass dieser Beziehungswechsel von der alten Form zur neuen Form reibungslos vorgeht. Die Eltern sollten die Kinder sehr sorgfältig loslassen, nicht zu früh und nicht zu spät, und am Ende sollte man das Kind freigeben, wie unsere Mitlebewesen, die anderen Tiere, es tun. Das Kind gehört den Eltern nicht, auch wenn sie es geboren haben. Wie ich schon oben erwähnt habe, du gebärst das Kind aber du gebärst sein Herz nicht. Deswegen ist es sehr wichtig, sein Herz nicht zu beherrschen oder zu versuchen, es zu beherrschen. Man sollte die Kinder als Eltern nicht zu früh oder zu spät allein der Verlassenheit der Welt und der Natur ausliefern und hoffen, dass irgendwie alles gut sein wird. Was einen Mensch stark macht ist nicht nur, was er bekommt, sondern auch was er gibt. Einem Kind muss beigebracht werden, auch zu geben. Kinder, die immer nur bekommen und nicht geben, werden abhängig und unglücklich. Die Eltern sollten mit Geben sehr vorsichtig sein. Materielle Geschenke und besonders Geld* machen abhängig, wenn es zu viele sind. Wärme, Liebe, Gerechtigkeit, Ehrlichkeit und Zuneigung hingegen machen frei.

Johnny: Es kling logisch. Bei uns lief es andersherum. Ich glaube, meine Eltern haben unbewusst eine Erziehungsart gewählt, die dazu geführt hat, dass sie mein Herz beherrschten.

Coach Camara: *Nämlich? Ich meine welche Art von Erziehung haben Ihre Eltern gewählt?*

Johnny: Wenn ich heute nachdenke, sage ich mir, dass wir gar nicht richtig losgelassen wurden. Sehen Sie, wie ich in meinem Alter noch sauer auf meinen Vater war, weil er mir kein Haus kaufen wollte? Ich ein Rechtsanwalt. Wir mussten schon sehr früh entscheiden, was wir tun wollen und was nicht. Aber ich frage mich heute, wie kann ein Kind denn schon wissen, was es will und was nicht? Und ist, was es will, auch das, was gut für es ist? Ich gebe Ihnen ein Beispiel: ich will immer Cola trinken und Gummibärchen und Fastfood essen; und, weil ich selbst bestimmen darf, was ich will oder was ich nicht will, und weil sie mir schmecken, kaufe ich mir die auch in Mengen. Wird die Sache dadurch gesünder, weil ich selbst entschieden habe? Wird es mir dadurch gut gehen, weil ich alleine entscheiden konnte? Werde ich, ich weiß nicht von wem, dafür mit schönen Zähnen und toller Figur belohnt? Ich verstehe sehr gut, was Sie meinen, Herr Camara. Ich verstehe es sehr gut. In diesem Beispiel wäre es doch lebenswichtig und besser gewesen, dass die Eltern ihre Autorität benutzten, um mir beizubringen und notfalls zu verbieten diese Sache unvorsichtig zu essen, weil sie ungesund sind. Nun da ich erwachsen bin und Probleme habe, springen sie ein, um mich mit Geld zu unterstützen, damit ich meine kaputten Zähne reparieren und Diätprodukte kaufen kann, damit ich wieder die Figur bekomme, die ich gehabt hätte, wenn sie mir nicht so früh die Macht übergeben. Das ist echt absurd.

Coach Camara: Ihr Beispiel verdeutlicht ganz gut was ich meine.

Johnny: *Sie stellten uns zu früh auf uns selbst und hofften, dass wir diese Früchte aus diesem gesunden Baume werden. Leider kam alles anders. Je älter wir wurden desto abhängiger waren wir von unseren Eltern. Wir wurden abhängig und immer abhängiger und am Ende blieben wir für unsere Eltern doch nur ihre Kinder. Sie machten unabsichtlich, ich glaube sogar aus Liebe, viele Fehler. Sie ließen uns kaum eine Chance, richtig erwachsen zu sein. Sie wollten uns nur beschützen, aber in einem Alter, in dem wir uns selbst schützen sollten. Als sie uns hätten schützen sollen – mit neun, zehn oder elf, mit 14 oder 15 – ließen sie uns aber frei. Eine verrückte Welt. Es war ein Fehler 21, 25 oder 30 so viel und immer weiter zu unterstützen.*

Coach Camara: Ich glaube nicht, dass das, was Sie Fehler nennen, nur aus reiner Liebe begangen wurde. Da ist auch ein schlechtes Gewissen oder ein Schuldgefühl, das Eltern aber nicht zugeben möchten oder zugeben können und deswegen machen sie alles nur noch schlimmer. Sie bevorzugen es, dieses seelisches Betäubungsmittel anzuwenden: zu viel Fürsorge, zu viel Schutz, zu viel Geborgenheit, zu viel materielle Hilfe, zu viel Beistand. Das ist eine Art Wiedergutmachung. Manche tun das bewusst, aber die Mehrheit tut es unbewusst. Es geschieht einfach. Aber diese Art Wiedergutmachung generiert noch viel schlimmeren Schaden in den Kindern. Es entsteht auf jeden Fall ein Teufelskreis zwischen den Kindern, den Hilfsempfängern oder Bedürftigen und den Eltern, den Helfern. Das wiederum stärkt die Position und Kompetenz der Eltern, die für die Kinder nun unersetzlich sind.

Johnny: *Genau, Herr Camara. Genau das taten sie mit uns. Ich und meine Schwester waren schon so alt, lebten aber immer noch zu Hause, obwohl alle unsere Freunde schon alleine in WGs und*

Studentenwohnheimen wohnten. Wir hingen immer noch an Papa und Mama. Herr Camara, nun sehe ich alles: lassen Sie mich Ihnen die Situation erklären, wie sie war. Ich kann die Situation ganz gut beschreiben. Ich sehe alles vor meinen Augen: Wir volljährigen Kinder waren die Hilfsbedürftigen und zogen alle Register, um die fehlende Aufmerksamkeit der Kindheit nun doch noch zu erhalten. Wir wurden wieder Kinder. Wir wollten das haben, was wir als Kind hätten haben müssen: Zeit, Aufmerksamkeit, Schutz. In unserem Blick und in unseren Handlung stand: „wir sind so hilflos, wir brauchen Hilfe. Wir schaffen es nicht allein. Bitte helft uns, ohne euch sind wir verloren." Die Eltern kamen dann sofort als Helfer und ihre Handlung verstand unser Unbewusstsein so „ja, Kinder lasst uns nur machen, ihr armen Kinder, es geht euch so schlecht nicht wahr? Ihr schafft das nicht, gell? Es ist zu viel für euch, wir helfen euch doch. Wir sind doch da für euch. Wir haben euch lieb, ihr habt liebe Eltern, die euch nicht allein im Tisch lassen." Sie packten zu und halfen und erwarteten nichts von uns. Wir wiederum fühlten uns in unserer Haltung bestätigt und zogen noch mehr Register, um noch mehr Hilfe zu bekommen. So blieben wir Kinder in erwachsenem Körper. Jetzt verstehe ich die Zusammenhänge.

Coach Camara: *So bestätigten Ihre Eltern Ihre Schwächen und fühlten sich dadurch wiederum gleichzeitig kompetent und stark, erteilten noch mehr Ratschläge, waren noch präsenter. Sie als Kind ließen sie es zu, weil Sie sich sagten, die Eltern sind lieb und wollen doch nur helfen. Aber so vertuschten Ihre Eltern auch ihre eigene Fehler und Schwächen. Den Eltern und Kindern ist es nicht bewusst, was schief läuft. Sie werden sogar irritiert, gar wütend, wenn man eine Bemerkung in diese Richtung macht.*

Johnny: *Wir bekamen wirklich alles, was wir wollten. Aber das machte uns immer unselbständiger und uneigenständiger. Wir* *wurden immer leerer und meine Schwester suchte schon sehr früh esoterische und psychologische Hilfe. Ich glaube mit ein bisschen Selbstkritik hätten die Eltern uns helfen können. Jetzt sah es mein Vater ein und wollte mir helfen. Das tat er neulich, als er es ablehnte, mir das blöde Haus zu kaufen. Dieses Haus hätte mich wieder gefangen gehalten. Wegen des Hauses wäre ich sicher diese verdammte Ehe nicht losgeworden. Das ist die einzige gute große Tat, die mein Vater, meine Familie für mich getan hat, die nicht mit Geld zu tun hatte. Die strikte Ablehnung mir zu helfen, hat auf einmal alles in Bewegung gesetzt und ich möchte nun erwachsen sein. Ich will die Hilfe meines Vaters nicht mehr. Ich habe alles, was ich brauche, um allein im Leben durchzukommen*

Coach Camara: *Sehen Sie, was ich gemeint habe? Allein hätten Sie diesen Sprung nicht geschafft. Ihr Vater, der eine große Rolle in Ihrer Kindheit gespielt hatte, noch lebt und der Ihre Familie repräsentierte, war das fehlende Puzzleteil. Er hat Sie befreit. Er hat Ihnen die Freiheit gegeben und Sie in die Freiheit geschickt. Er hat Sie losgelassen, jetzt werden Sie erwachsen. Viele glauben vielleicht, dass es einen Vorwurf bedeutet, die Eltern in die Verantwortung zu ziehen. Nein! Schauen Sie bei Ihnen. Haben Sie Ihrem Vater Vorwürfe gemacht? Nein. Es gab keine Vorwürfe. Es gab nur Einsichtigkeit und den Willen, dass es jedem gut geht. Ihr Vater liebt Sie jetzt. Ich meine die Art von Liebe, die befreit und stark macht. Vorher hat er Sie auch geliebt. Es war aber keine Liebe in diesem Sinn. Geld zahlen, Geschenke geben, usw. ist eine Liebe für sich selbst, für denjenigen der gibt. Das ist eine reine auf sich bezogene Liebe. In diesem Moment, wo er gibt fühlt er sich wohl. Er sieht sich als Wohltäter und genießt es, dass das Kind ihn auch so sieht. Das ist eine narzisstische Liebe. Er fragt nicht, ob das, was er tut, dem Kind tiefgreifend hilft und es nach vorne bringt. Er stellt sich diese Frage nicht. Er sieht nur, dass das Kind in diesem*

Moment glücklich ist und er wieder der gute Mensch ist, der das Kind gerettet hat und ihm Freude gemacht hat. Das nenne ich nicht Liebe. Liebe nenne ich (das klingt vielleicht sehr afrikanisch) Liebe ist, wenn man mir durch Liebe zeigt, wie ich alleine das bekommen kann, was mir gut tut. **Liebe ist für mich, wenn ich die Person, die mich liebt, nicht mehr brauche, um zu leben.** Ich freue mich, dass es sie gibt. Liebe macht glücklich, gibt Energie, eröffnet und erweitert den Horizont und die Möglichkeiten. Liebe lässt mich wachsen und gibt mir ein Gefühl von Sicherheit. Liebe macht nicht abhängig. Liebe verkettet nicht, sie ketten nicht an. Sie löst Ketten. Liebe macht frei und gibt Freiheit. Es gibt keine Liebe da wo Menschen unglücklich sind, wo Menschen zweifeln, wo Menschen nicht an sich selbst glauben. Wahre und echte Liebe gibt Zuversicht, Glück, Freude, ein Gefühl der Sicherheit, Vertrauen. Wenn alles das in einem Kind fehlt, sollten sich die Eltern intensiv mit sich selbst auseinandersetzen.

Johnny: Leider tun das viele Eltern nicht. Ich frage mich, warum. Meinen Sie, dass Geschenke und Geben im Allgemeinen schädlich sind?

Coach Camara: Geschenke und Geben sind im Allgemeinen gut. Das ist auch eine Art, Zuneigung zu zeigen. Man will dem anderen zeigen, wie wichtig er ist. Das ist doch toll und niemand kann dagegen sein. Aber alles muss im Rahmen bleiben. Ja, viele Eltern übertreiben und sie lösen alles nur noch mit Geschenken und Geld. Beim kleinsten Husten des Kindes ist schon der Sirup da. Je weniger das Kind psychisch stabil ist, desto mehr geben sie. Sie wollen sich nicht mit der Kindheit ihrer Kinder auseinandersetzen, weil es eine Auseinandersetzung mit sich selbst und ihrer eigenen Kindheit und ihren Eltern bedeuten würde. Manche tun es aus reiner Bequemlichkeit und Faulheit nicht.

Wir reden hier von Liebe und von der Beziehung zwischen Eltern und Kindern, ich spreche hier nicht von Geschenken und Geben in einem normalen Rahmen. Das schadet nicht. Freude haben ist gesund. Ich spreche von Geschenken und dem Geben in überproportionalem Rahmen. Auf jeden Fall müssen Eltern sehr vorsichtig damit umgehen. Sie müssen ihren Kindern in schwierigen seelischen Krisen nicht nur materiell helfen. Sie müssen sich zur Verfügung stellen, um den Kindern zu helfen. Eine gemeinsame Therapie ist in vielen Fällen ein Muss, wenn man dem Kind helfen will. Leider, leider....

Johnny: *Das heißt viele Eltern sind Versager. Sie haben versagt, ich habe versagt als Vater? Wir haben versagt?*

Coach Camara: *Die Eltern miteinzubeziehen beim Lösen bestimmter psychischer Probleme ist enorm wichtig für Kinder und Eltern. Erst wenn wir uns stur dagegen stellen, oder es nicht sehen wollen, obwohl wir jeden Tag sehen, wie es unseren Kindern geht, ja, erst dann sind wir meiner Meinung nach Versager. Wir sind es nicht von vorneherein. Wir hatten nur das Gute tun wollen, das trifft zumindest auf die Mehrheit zu. Es gibt allerdings auch Eltern, die nur aus reiner Bequemlichkeit sich ihrer Verantwortung entziehen, indem sie die Kinder sehr schnell sich allein überlassen. Um dem dann einen Sinn zu geben, meinen Sie, dass sie den Kindern früh Verantwortung und Selbständigkeit beibringen möchten. Ja, aber BEIBRINGEN bedeutet nicht Interessenlosigkeit. Sie ziehen es vor, auf der Couch zu liegen, Fernseher zu schauen, auszugehen, mit dem neuen Freund zusammen zu sein, anstatt auf die Kinder aufzupassen. Und nennen das dann Verantwortung beibringen....*

Ja, für die Mehrheit der Eltern, ist es keine bewusste Entscheidung. Sie wollen wirklich etwas Gutes tun, nur das Beste für die Kinder.

Sie wissen nicht, dass es so kommen wird. Dass unsere Kinder durch unsere Erziehungsart schwach, labil, innerlich instabil, ängstlich (beste Weg zum Burnout) usw. werden. Wir wollen ganz bestimmt das Gegenteil erreichen. Nun da wir sehen, dass es leider anders angeschlagen hat, jetzt können wir nicht mehr sagen wir wussten es nicht.

Die Behauptung, dass die Kindheit egal sei, hat eine große Wirkung auf uns, aber, und das ist erfreulich, wir können, wenn uns die Falschheit dieser Aussage bewusst wird, diesen Einfluss zum Guten beeinflussen und alles ändern.

Johnny: *Das ist wohl wahr. Leider erst wenn man so gelitten hat und Mist gebaut hat, wie ich. Ich hoffe, mein Vater verzeiht mir.*

Coach Camara: *Er hat Ihnen schon verziehen. Sie sehen bzw. Sie spüren es noch nicht, weil Sie ihm und vor allem sich selbst noch nicht verziehen haben.*

Nur wer von seinem eigenen Elternhaus gelernt hat glücklich zu sein, kann dies erfolgreich seinen Kindern beibringen und seine eigenen Kinder glücklich erziehen. Wer das nicht hatte oder immer noch nicht hat, muss sich umerziehen und lernen, sich von seiner unglücklichen Kindheit zu distanzieren.

Meine eigene Erfahrung ist ein Beispiel dafür, wie alte Kindheitsgewohnheiten weitergegeben werden.

Ich erinnere mich immer noch daran, wie mein Vater – obwohl er als Politiker in der Aufbauphase Kameruns nach der Befreiung und dem Sieg über Frankreich mehr als 16 Stunden am Tag arbeitete – doch immer Zeit fand, uns mehr als 20 Kindern wertevolle Geschichten zu erzählen, Lieder zu singen, mit uns zu spielen, usw. Ja, das hat meine Kindheit geprägt.

Als ich dann selber Vater war, habe ich das gleiche mit meinen Kindern gemacht, weil es mir gut getan hatte.

Obwohl ich sehr beschäftigt bin, tue ich alles, um bei meinen Kinder präsent zu sein, ihnen Geschichte zu erzählen, zu spielen, usw. genauso, wie mein Vater es damals mit mir gemacht hat. Wir geben weiter, was wir in unserer Kindheit mitbekommen haben. Deswegen müssen wir sehr selektiv sein, das bedeutet, wir müssen unsere Kindheit unter die Lupe nehmen ohne die Eltern zu verdammen, wenn wir paar Fehler darin finden.

Schlechte oder keine Abnabelung von den eigenen Eltern; Eltern, die sich nicht von ihren eigenen Eltern befreit haben, erziehen ihre Kinder zum Unglücklichsein

Wir wissen nun, wie wir im ersten Kapitel gelesen haben, dass die Kindheit und die Erziehungsart eines Menschen sein Leben tiefgreifend beeinflussen. Irgendwann müssen wir uns dann entscheiden, unseren eigenen Weg zu gehen, wenn wir erwachsen werden oder es bereits sind. Dieses Kapitel ist dem vorherigen sehr ähnlich, aber es ist nicht dasselbe. Zwar ist eine Auseinandersetzung mit der eigenen Kindheit und den eigenen Eltern ein Bestandteil der Abnabelung, aber die Abnabelung ist ein Ergebnis, eine Entscheidung, dass man nun erwachsen ist, seinen eigenen Weg genommen hat. Man ist nun Sohn oder Tochter und nicht mehr Kind; Papa und Mama werden nun Vater und Mutter.

Es ist zwingend notwendig für Menschen, die Eltern werden wollen, sich von ihren eigenen Eltern abzulösen, bevor sie Kinder bekommen. Eltern, die immer noch Kinder ihrer eigenen Eltern sind, erziehen zum großen Teil ihre Kinder schlecht. Sie erziehen ihre Kinder gar nicht. Sie übergeben ihren Kindern nur das, was sie von ihrem eigenen Elternhaus mitgenommen haben.

Man bemerkt zum Beispiel, dass Eltern, die sehr früh eine psychologische Therapie in ihrer Kindheit brauchten und die sich von ihren Eltern nicht abgenabelt haben, dazu tendieren, ihre Kinder auch so zu erziehen, dass sie früh zu einem Therapeuten gehen.

Wenn Eltern sich nicht von ihren eigenen Eltern abgenabelt haben, verhalten sie sich auch kindisch gegenüber ihren Kindern und verlieren somit den Respekt der Kinder. Die Kinder respektieren die Großeltern viel mehr als Papa und Mama. Die Eltern haben kaum wirkliche Macht über die Kinder und sind unfähig sich durchzusetzen.

Kinder sehen, merken und fühlen sehr viel. Sie bekommen fast alles mit, auch wenn sie nicht viel darüber reden. Wenn Eltern sich vor ihren eigenen Eltern wie Kinder verhalten, wenn sie sich, wie Kinder, von den eigenen Eltern bemitleiden lassen, sich wie Kinder helfen lassen, vor ihren Eltern jammern, wie ihre eigenen Kinder sich ihnen gegenüber verhalten, bekommen dies die eigenen Kinder mit und werden so unbewusst konditioniert zu sehen, dass Mama und Papa es nicht schaffen können. Es entstehen in ihren Köpfen falsche Bilder, die sie unglücklich machen. Sie verlieren den Respekt und hören kaum noch auf ihre Eltern.

Eltern, die sich nicht abgenabelt haben sind gefangen in der Erziehung ihrer eigenen Eltern und sind nicht frei genug, um ihre eigenen Kinder so zu erziehen, dass sie frei werden. Da Kinder Freiheit wollen, bleibt ihnen oft als einziger Weg die Rebellion und die Ablehnung der Eltern als Autoritätsinstanzen. Denn sie sehen in ihren Eltern gleichwertige Kinder, keine Erwachsenen. Nun, da sie ihre eigenen Eltern auch als Kinder betrachten, beginnt der Machtkampf zwischen ihnen. Entweder die Kinder gewinnen und werden richtige Nervmonster, richtig schlimme Diktatoren (sind stur, hören nicht zu, schreien die Eltern an, beschimpfen sie, schlagen zu, zerstören, usw.), oder die Eltern, die auch noch Kinder sind, lassen sich nicht besiegen, aber siegen auch nicht, denn gewinnen ist unmöglich, da sie selbst noch Kinder ihrer Eltern sind. Die Konsequenz ist, dass sie gewalttätig werden, sie schlagen die Kinder, misshandeln sie mit Worten, bestrafen sie auf unfaire und übertriebene Weise, mit Hausarrest, Zimmerarrest, Liebesentzug, stundenlangem Schweigen, was die Kinder psychisch kaputt macht.

Eltern, die in ihrer Kindheit negative Formulierungen gelernt haben und so negativ programmiert wurden, tendieren dazu, das Gleiche mit ihren Kindern zu tun

Was wir in unserer Kindheit erleben, prägt uns lebenslang. In Kapitel „Negative Programmierungen" habe ich noch ausführlicher beschrieben, wie dies funktioniert.

Uns ist es oft nicht bewusst, wie sehr wir den Kindern schaden mit kleinen Flüchen, Warnungen, Jammereien, Schimpfereien und Beschwerden.

Haben wir Eltern, die bei jeder Kleinigkeit, bei der kleinsten Aufgabe und Schwierigkeiten sich ärgern, fluchen und schimpfen, dann werden wir dazu tendieren, das Gleiche zu tun, uns genauso zu verhalten.

Eltern, die zum Beispiel in ihren Kindern Schuldgefühle wecken mit Aussagen wie *„Ihr macht mich fertig, ich bin am Ende meiner Nerven mit euch, habt ihr kein Mitleid mit eurer Mutter/Eltern, ich werde wegen euch krank, das ist nicht gut, was ihr mit mir tut, das ist grausam für mich, ich kann nicht mehr, wie soll ich es nur mit euch ertragen?"* um etwas zu erreichen, haben dies oft von ihren eigenen Eltern unbewusst gelernt. Die Konsequenzen daraus sind, dass diese Aussagen in den Kindern zu noch mehr Barrikaden führen und sie noch härter werden, was ihnen nicht gut tut. Sie fühlen sich schlecht, böse, unfähig, grausam. Dabei sind oft die Eltern, mit ihrem inkonsequenten Erziehungsstil Schuld, wenn die Kinder ihnen nicht gehorchen oder sie nicht respektieren. Aber da wir uns weigern, uns mit unserer Kindheit auseinanderzusetzen, vermitteln wird den schuldlosen Kindern, dass sie keine gute Kinder sind. Am Ende wird das zur Autosuggestion in der Psyche der Kinder *(ich bin schlecht zu Mama/zu Papa, ich bin kein gutes Kind, ich bin böse, ich bin unfähig, ich kann immer nur wehtun, ich bin wertlos usw.)* Die Konsequenzen sind gravierend für die Kinder: sie werden dann wirklich zu schlimmen Kindern, ihr Selbstwertgefühl leidet darunter, es fehlt ihnen Selbstvertrauen, sie haben Angst, wagen nichts, haben ständig Schuldgefühle und Hass gegen sich selbst, zweifeln an sich, haben Motivationsprobleme, und sie leiden unter Antriebslosigkeit, sowie Minderwertigkeitskomplexen und weiteren psychosomatischen Beschwerden (Bulimie, Anorexie, Selbstverletzungen, Schmerzen usw.), wie die Eltern häufig auch. Und das Schlimmste ist, dass die Kinder mit ihren Kindern wieder so weitermachen werden, so wird der Familienfluch von Generation zur Generation weitergegeben. In diesem Fall machen nicht die Kinder uns krank, sondern unsere eigenen Eltern, die wir aus irgendwelchen Gründen immer liebevoll in Schutz nehmen und dafür im Kauf nehmen, unsere eigenen Kinder unglücklich zu machen.

Wenn unsere Eltern uns mit Worten aus Liebe schwach machen, werden wir genauso dazu tendieren, mit den gleichen Worten uns selbst und unsere Kinder schwach zu machen. Das passiert nicht aus Bosheit. Alles läuft unbewusst ab, deswegen ist eine Abnabelung sehr wichtig, damit Menschen wirklich vollkommen bei sich stehen können und die Lasten und den Müll der anderen (der Eltern) nicht mittragen müssen. Eine Auseinandersetzung mit unserer Kindheit (was nicht zwangsläufig bedeutet den Eltern Vorwürfe zu machen) bringt uns dazu, nur das Beste davon mitzunehmen und den Müll dort zu lassen, wo er hingehört.

Stress in der Schwangerschaft erhöht das Risiko für Depressionen in der Kindheit

Es ist schon lange bekannt, dass das Baby durch schlechte Ernährung der Mutter, durch Krankheiten der Mutter, durch Medikamente und andere äußerliche Dinge beeinflusst, sogar geschädigt werden kann.

Dass Medikamente in der Schwangerschaft ein Risikofaktor für Depression bei Kindern sind, zeigt auch das Ergebnis mit Betamethason. Ca. 10% der Schwangeren bekommen in

Deutschland dieses Medikament, wenn eine Frühgeburt droht. Diese Spritze für die Lungenreifung senkt die Frühchen Sterblichkeit um 31 %. In Tierstudien wurde allerdings nachgewiesen, dass diese Stresshormone im späteren Leben Bluthochdruck, Herzkrankheiten und Diabetes begünstigen. Untersuchungen an Menschen zeigten ein höheres Risiko für Depressionen und andere psychische Auffälligkeiten. Die Kinder können sogar dadurch einen geringeren Intelligenzquotienten haben.

Bei Betamethason kann man sich diese Wirkungen vorstellen, weil es ein Medikament ist. Aber es ist den Menschen immer noch nicht bewusst, dass unsere psychische Verfassung ebenfalls einen direkten Einfluss auf das ungeborene Kind haben kann.

In der afrikanischen Kultur wird vermittelt, dass man schon vor der Zeugung an das Glück des Kindes denken sollte. Spätestens wenn die Frau schwanger ist, fängt die aktive Erziehung des Kindes an. Ungeborene Kinder bekommen schon mit, wie wir uns selbst behandeln und mit uns umgehen.

In vielen afrikanische Gesellschaften (leider nur noch in den Dörfern) glauben die Menschen, dass eine Erziehung, die dazu führen soll, dass ein Kind glücklich ist, wird und es bleibt, schon längst vor der Zeugung begonnen haben muss. In manchen afrikanischen Traditionen wurden sogar glückbringende Rituale durchgeführt, bevor die Eltern auf die Suche nach dem Baby gingen. Es wurden Tage vorher körperliche und spirituelle Reinigungen durchgeführt, damit das Kind in bester Umgebung gezeugt wird. Nach dem

Beischlaf und während der ganzen Schwangerschaft wurde die Mutter bestens behandelt. Deswegen sehnen sich viele Frauen in diesen Gesellschaften nach der Zeit vor und während der Schwangerschaft, als sie wie Göttinnen auf Erden behandelt wurden.

Streit und alle Probleme mussten warten, bis die Frau das Baby auf die Welt gebracht hatte. So schützte man die Frau vor Stress in der Schwangerschaft und dadurch auch das Baby.

Neue wissenschaftliche Untersuchungen scheinen diese afrikanische Weisheit zu bestätigen. Es ist nun Fakt, dass Stress und andere seelische Probleme eine größere Rolle bei der Entstehung – nicht nur psychischer – Krankheiten bei Kindern spielen und dies bereits anfängt, wenn das Baby noch in dem Bauch der Mutter ist.

Grund genug, schon in der Schwangerschaftsphase gesund mit sich selbst umzugehen, nicht nur körperlich, sondern auch mit der Psyche.

Stress, Druck und seelische Probleme hinterlassen Spuren im Gehirn des Ungeborenen. Diese afrikanische, nicht wissenschaftlich bewiesene Behauptung wurde nun von Forschern der Hans-Berger-Klinik für Neurologie am Universitätsklinikum Jena bestätigt. Viele andere wissenschaftliche Studien hatten diese Tendenz bereits angedeutet.

Zwar kommt der Stress der Mutter nicht eins zu eins bei Fötus an, aber immerhin schaffen 10% das Baby zu erreichen, genug, um einen großen Einfluss auf das Baby im Bauch zu haben.

„Diese Kinder werden bereits im Mutterleib darauf programmiert, Zeit ihres Lebens mehr Stresshormone auszuschütten" wie die Zeitung *Der Spiegel* Dr. Schwab, Leiter der Jenaer Forschungsgruppe zitiert. Diese Kinder können später Probleme mit der Konzentration und Aufmerksamkeit haben und haben ein erhöhtes Risiko unter Depressionen, Burnout usw. zu leiden.

Überforderung, Druck, Stress, Depression

Studien weltweit zeigen, dass viele Eltern schon kurz nach der Geburt ihrer Kinder überfordert sind.

Druck, Stress finanzielle Not, Frustration, Arbeitslosigkeit der Eltern sind oft Ursache einer schlechten Erziehung. Dies führt dann dazu, dass wir selbst – und logischerweise unsere Kinder – unglücklich sind.

Unsere Gesellschaft wird immer mehr zu einer Leistungsgesellschaft auf allen Ebenen. Der Mensch ist eine Maschine, die einfach nur funktionieren muss. Er muss alles schaffen können und überall der Beste sein.

Ein richtiger Mann soll nicht nur ein guter Ehemann, ein super Vater und im Bett ein Hengst sein, nein, er soll gleichzeitig Ingenieur oder Arzt sein wie Nick, zu Hause ein guter Handwerker sein wie Andreas, natürlich ein Haus bauen wie Markus es getan hat, das Auto reparieren wie Luca – das muss doch jeder Mann können – gut kochen wie David, das ist doch modern, Fußball mit den Kindern spielen wie Florian, das gehört selbstverständlich dazu und, und, und. Er muss außerdem bei all dem perfekt sein.

Die perfekte Frau soll nicht nur das Kind austragen und auf die Welt bringen, sie soll nicht nur gute eine Mutter sein wie Nina, eine starke Haus- und Ehefrau wie Lisa, eine super Nanny wie Emma, nein sie muss daneben noch den Haushalt sauber führen wie Sarah es tut, leckeres Essen servieren wie bei Lea und dabei acht Stunden am Tag beruflich aktiv sein wie Jennifer. Wir brauchen Kinder, aber schätzen die Menschen nicht, die sie uns schenken, ohne die unser System nicht möglich wäre. Am besten gebärt die Frau beim Schraubendrehen, ja, sie soll ruhig gebären, aber dabei gleichzeitig ihre Bürotätigkeit fortsetzen. Das ist das Bild der modernen, selbstbewussten Frau.

Überall wird dem modernen Menschen Druck gemacht, durch Bilder, Leitsprüche, Slogans, Werbung mit dem Übermenschen, der alles gleichzeitig tut, alles kann und dabei immer fröhlich und glücklich ist.

Die Gesellschaft muss produzieren und der moderne Mensch ist ein Kettenglied in dieser Produktion, deswegen wird solche Werbung von der Industrie und der Politik mit Milliarden finanziert.

Wenn du es nicht schaffst, dann liegt es nicht am System, nein, nein, es liegt an dir, an deiner Unfähigkeit. DU BIST EIN **VERSAGER!**

Das Wort **versagen** verfolgt den modernen Menschen hartnäckig, wie die Biene den Honig.

Wir sind zwar moderne Menschen, aber Ängste, Zweifel und Unsicherheiten belasten unseren Alltag. Wir haben Angst, unseren Job zu verlieren. Wir haben Angst, nicht gut genug zu sein. Überall lauern nur Drohungen: Wenn du dies oder das nicht schaffst, dann bist du deinen Job los. Wenn du nicht so bist wie Brat Pitt, ist der Partner weg.

Der moderne Mensch soll keine Schwäche zeigen, er lebt in ständigem Stress, um all den Erwartungen, Anforderungen und den eigenen Ansprüchen gewachsen zu sein.

Da aber die Erziehung diesen schnellen Veränderungen nicht gefolgt ist, die Eltern und Großeltern ihm nicht das nötige Werkzeug mitgegeben haben, fehlt dem sogenannten modernen Menschen eine innere Basis (seelisch und spirituell), um diesem Druck stand zu halten. Er sieht seine Grenze. Er kann nicht mehr. Er ist überfordert, er ist gefallen. Er schafft nichts mehr und er ist unglücklich.

Die Kinder müssen alles ertragen können. Die Eltern müssen Alleskönner sein, Vollzeit arbeiten, aber Betreuungsangebote werden abgeschafft.

Arbeitslosigkeit und Armut drohen und verunsichern die Eltern, die ständig kämpfen müssen, damit es ihren Kindern an nichts fehlt und sie sich nicht ausgeschlossen fühlen. Dieser Kampf ist zermürbend und belastet die Eltern körperlich und psychisch.

Der moderne Mensch hat Stress, Druck, er ist seelisch instabil und ist deswegen nicht in der Lage seinen eigenen Kindern das Glück beizubringen, denn er ist selbst unglücklich.

Ich habe auch festgestellt, dass viele überforderte Eltern überzogene Ansprüche an sich und an die Kinder haben. Sehr junge Eltern oder Eltern die selbst eigentlich noch Kinder sind, sind schneller überfordert. Sie sind nicht in der Lage kleinste Schwierigkeiten zu meistern. Alles wird ihnen zu schnell zu viel, und der tägliche Umgang mit den Kindern wird für sie zu einem Stressakt.

Manche überforderte Eltern entwickeln sogar etwas wie Hass auf ihre eigenen Kinder und können ihre Kinder gar nicht lieben. Manchen stoßen ihre Kinder ab oder ermorden sie.

Auslösende Ursache für Gewalt in der Familie, Gewalt an Frauen und Gewalt an Kindern, ist auch die Überforderung der Eltern.

Überforderung und Stress kann auch durch Mangel an Unterstützung entstehen. Überforderte Eltern schlagen schnell zu. Viele vernachlässigen und misshandeln ihre Kinder.

Die Kinder überforderter Eltern sind selbst überfordert, haben Stress, haben Angst, sind verhaltensauffällig, seelisch instabil, frech, tanzen ihren Eltern auf der Nase herum.

Geringes Selbstwertgefühl, mangelndes Selbstbewusstsein und Selbstvertrauen, mangelndes Durchsetzungsvermögen, Unsicherheit der Eltern, Komplexe (wie Minderwertigkeitskomplexe)

Ein negatives Selbstwertgefühl ist die Ursache vieler seelischer Probleme.

Haben wir wenig Selbstbewusstsein und Selbstvertrauen, werden wir dazu tendieren unsere Kinder auch so zu erziehen, dass die wenig Selbstvertrauen entwickeln.

Ohne Selbstvertrauen ist es schwierig ein erfülltes Leben zu führen.

Eltern mit wenig Selbstbewusstsein und mit Minderwertigkeitskomplexen haben eine geringe Selbstachtung vor sich selbst. Die Auswirkungen sind: **Angst** (Angst vor Kritik, vor Entscheidungen, vor dem Versagen, vor Erfolg, vor Ablehnung, Angst, nicht gut zu sein, Angst, seine wahren Gefühle zu zeigen, Verlustangst usw.) und weitere **seelische Störungen**, wie Depressionen, Antriebslosigkeit, Faulheit, Hoffnungslosigkeit, Lustlosigkeit, Essstörungen, Sexualprobleme, Selbstmitleid, Selbsthass, Eifersucht, Zwangsgedanken, Frustration. Auch körperliche Beschwerden können auftreten. Man ist unzufrieden und unglücklich mit seinem Leben und mit der Gesellschaft.

Andere Eltern werden gerade wegen ihrer Schwächen unsicher und deshalb gewalttätig gegenüber ihren Kindern.

Manchen Eltern schaffen es nicht mehr, soziale Kontakte zu erhalten, zu pflegen oder zu knüpfen und leben so mit ihren Kindern sehr zurückgezogen. Zu Hause herrschen nur schlechte Stimmungen und schlechte Laune.

Die Kinder können sich nicht auf Kontinuität und Stabilität verlassen. Heute ist so, morgen ist so. Stimmungen und Gefühle können von einer Minute zur anderen umschwenken.

Eltern mit solchen Eigenschaften beleidigen oft ihre eigenen Kinder, sind sehr kritisch mit ihnen oder fordern viel von ihnen, vielleicht weil sie wollen, dass die Kinder anders werden als sie selbst. Da sie sehr negativ über sich selbst denken, drücken sie sich auch negativ aus, ihre Körpersprache und Ausstrahlung sind dementsprechend negativ und sehen fast alles, was ihre Kinder sind und tun als negativ an. Sie haben ständig etwas an ihren Kindern auszusetzen.

Ihre „Du-Botschaften" an die Kinder (du bist fett, du siehst heute scheiße aus, du schaffst es nie, sei froh, dass du jemand, auch wenn er ein Arsch ist, hast, sonst wärst du allein…) entsprechen ihren „Ich-Botschaften" zu sich selbst: einfach negativ.

Da sie wenig stolz auf sich selbst sind, haben sie Schwierigkeiten, stolz auf ihre Kinder zu sein und motivieren ihre Kinder kaum – oder sie übermotivieren sie.

Sie haben wenig oder kaum Durchsetzungsvermögen und lassen die Kinder tun, was sie wollen oder bringen die Kinder nur mit Gewalt dazu, das tun, was sie von ihnen erwarten. Sie sind entweder zu lasch oder zu hart.

Diese Zustände belasten die Kinder emotional stark, da sie sich ständig mit den Schwächen ihrer Eltern auseinandersetzen müssen und sich leider oft selbst als das Problem, oder als die Ursache sehen und sich deswegen verurteilen. Ständig.

Manche Kinder übernehmen sogar Aufgaben, denen sie nicht gewachsen sind, zum Beispiel indem sie als Seelsorger auftreten, um ihren Eltern zu helfen. Sie verlieren Energie, damit ihre Eltern diese aufsaugen können. So profitieren die Eltern wieder von ihren Kindern, ohne ihnen etwas im Gegenzug zu geben. Ein klarer Fall von **Energievampirismus.**

Es geht manchmal so weit, dass die Kinder sich für und mit ihren Eltern schämen. Sie finden in den Eltern keine Vorbilder.

Wir ahnen, welche Konsequenzen alles das für Kinder haben wird. Die Kinder werden auch unglücklich sein, entweder sie übernehmen die Eigenschaften ihrer Eltern, oder gehen in das andere Extrem und werden geradezu aggressiv selbstsicher, um den Eindruck zu erwecken, sie wären stark.

Ein weiterer erwähnenswerter Aspekt sind ausländische Eltern, die sich, wegen ihrer Herkunft aus mehreren Gründen minderwertig fühlen. Diese Eltern erziehen ihre Kinder so, dass sie sich entweder sehr anpassen und heimlicher werden als die Heimlichen, weil sie hoffen, dass sie so akzeptiert werden, oder sie erziehen ihre Kinder sehr zurückgezogen, so dass die Kinder eine Aversion gegen die Gesellschaft entwickeln. Im einen wie im anderen Fall schadet dieses Verhalten den Kindern, sie bekommen Probleme, glücklich und zufrieden in der Gesellschaft zu leben.

Eltern mit Komplexen und geringem Selbstwertgefühl schaden ihren Kindern sehr und zerstören ihr Selbstvertrauen.

Unglückliche Eltern erziehen unglückliche Kinder: Schlechte Partnerschaft, Trennung, Arbeitslosigkeit und Finanzielle Not

Die ersten Erfahrungen, die unsere Kinder machen finden in der Familie statt und kommen von den Eltern.

Wir hypnotisieren unsere Kinder ständig und mit unseren Handlungen, Worten, mit unserer Ausstrahlung, unserem Verhalten usw. programmieren wir unsere Kinder. So übernehmen sie viel von uns ohne es wollen, zu wünschen oder auch zu brauchen.

**Wenn wir Eltern unglücklich sind, erziehen wir auch
unsere Kinder unbeabsichtigt zum Unglücklichsein.**

Wenn wir unzufrieden, negativ und unglücklich sind, setzen
wir negative Gefühle frei und diese Gefühle bestimmen
unsere Handlungen, die dann auch negative Auswirkungen
haben. So leben unsere Kinder unsere Gefühle mit,
übernehmen sie und lassen sich so zum Unglücklichsein
programmieren.

Unglückliche Eltern sind kein positives Vorbild für Kinder. Es
ist für unsere Kinder ein großer Unterschied, ob wir glücklich
oder unglücklich und unzufrieden sind. Machen wir dazu
einen kleinen Test mit Babys:

Schon Kleinkindern (Baby ca. 6 Monate alt) reagieren auf
unsere Stimmungen. Beobachten wir genau, was ihre erste
Reaktion ist, wenn sie uns sehen und wir mit ihnen reden. Sie
schauen uns genau ins Gesicht und direkt in die Augen. Sie
brauchen manchmal einige Sekunden und entweder lachen
sie dann mit, weinen oder bleiben neutral. Kinder sind sehr
feinfühlig (vielleicht sogar mehr als Erwachsene, die immer
stärker aus Erfahrung und Wissen reagieren, als aus Instinkt).
Sie sehen uns an und analysieren unseren Gefühlzustand. Sie
lesen in uns. Sind unsere Absichten gut und lächeln wir sie
glücklich an, werden die meistens Babys nach einigen
Sekunden mitlächeln. Sind wir aber unglücklich oder traurig
oder schauen wir sie böse an, werden sie Angst haben und
weinen. Schauen wir sie neutral an, schauen sie neutral

zurück. Diese Beobachtung hilft uns, zu erkennen, wie wir die Psyche unserer Kinder beeinflussen können. Und jeder Einfluss ist eine Programmierung.

Wenn wir ständig unglücklich sind und dies auch ausstrahlen, pflanzen wir die Angst in die Psyche des Kindes und schaden so seiner Entwicklung.

Auch eine instabile Ehe kann bei Kindern seelische und psychosomatische Beschwerden hervorbringen: Migräne, Herzklopfen, Bauchkrämpfe, unerklärliche Schmerzen, Essstörungen. Die Kinder sind unruhig und leben in ständiger Angst, vielleicht weil sie befürchten, dass sich die Eltern trennen. Diese ständige Angst verursacht Stress und der Stress wiederum provoziert weitere Beschwerden, die die Kinder behindern glücklich zu sein.

Es ist wissenschaftlich bewiesen, dass instabile Ehen und gravierende Ehestreitigkeiten Schlafstörung bei kleinen Kindern verursachen können. Wenn diese Störungen andauern, können sie bei den betroffenen Kindern zu Unaufmerksamkeit, Unruhe, Verhaltensstörungen und -auffälligkeiten und zu Schwierigkeiten in der Schule führen.

Scheidung und Trennung belasten die Kinder so oder so. Wenn die Trennung auch noch unschön ist, wenn die Eltern sich zerfressen, hassen, gar nicht mehr miteinander kommunizieren, ist das für die Kinder sehr schlimm und sehr schmerzhaft. Die Art und Weise, wie man sich trennt, kann das Leid des Kindes mildern oder verschlimmern. Unglückliche Trennungen schwächen die Kinder und machen sie sehr unglücklich. Manche Schmerzen bleiben ein Leben lang bei den Kindern.

Arbeitslosigkeit und finanzielle Not sind eine große Belastung für Familien. Wenn wir Eltern nicht mehr in der Lage sind, das Notwendigste für unsere Familie zu tun, den Kindern das zu geben, was sie brauchen, vielleicht sogar die Miete nicht mehr zahlen können, haben wir keinen Stolz mehr, sind wir frustriert, unzufrieden, unser Selbstbewusstsein und unser Selbstwertgefühl leiden darunter und wir sind unglücklich. Alles das macht die Kinder auch unglücklich.

So wie es stimmt, dass glückliche Eltern glückliche Kinder erziehen, stimmt auch, dass unglückliche Eltern unglückliche Kinder erziehen.

Gewalt (auch sexuelle Gewalt), Drogen und Alkohol

Eltern, die Gewalt erlebt haben, haben Schwierigkeiten ihre Kinder glücklich zu erziehen.

Gewalt stumpft uns ab oder verändert unsere Gefühle.

Wenn wir Gewalt in unserem Leben erfahren, werden wir entweder gefühlskalt oder übersensibel.

Wenn wir Gewalt erlitten und diese nicht verarbeitet haben, uns damit nicht intensiv auseinandergesetzt haben, werden wir unbewusst dazu tendieren, mit unseren Kindern das zu tun, was man mit uns getan hat (oder nicht getan hat).

So ist es nicht selten, dass Menschen, die missbraucht oder misshandelt wurden, ihre eigenen Kinder ebenfalls missbrauchen, vergewaltigen, schlagen, misshandeln.

Die Angst und der Terror setzen sich in der Familie fest. Die Kinder werden seelisch und körperlich misshandelt, sie sind traumatisiert, manchen werden gewalttätig, manche verlassen die Schule, laufen von zu Hause weg und landen auf der Straße und in der Kriminalität.

Wenn wir Eltern ständig Drogen nehmen und davon abhängig sind, können wir nicht mehr den normalen Alltag der Kinder verfolgen, da unser Realitätsbild der Weltgeschehnisse von den Drogen und dem Alkohol eingefärbt und verändert ist. Wir können nicht alles so wahrnehmen, wie es wirklich ist und viele Eltern werden aggressiv, gewalttätig, beleidigend, rasten schnell aus und schlagen zu, vernachlässigen die Kinder, verlieren ihren Job, haben finanzielle Schwierigkeiten und versinken dadurch noch mehr in den Problemen. Sie werden so auch ein Problem für die Kinder. Die Kinder leiden seelisch enorm darunter und obwohl sie alles das hassen, was die Eltern tun, fangen manche auch an wie sie zu saufen, zu rauchen, zu beleidigen, zu schlagen.

Eltern, die Gewalt-, Drogen-, oder Alkoholprobleme haben machen ihre Kinder unglücklich.

Eine Mutter ohne Weiblichkeit ist eine Gefahr für die Kinder

Die heutige Definition der Weiblichkeit verhindert, dass Frauen in Kontakt mit sich selbst sind, das bedeutet sich zu kennen, seinen Körper und seine Bedürfnisse zu erforschen, sich so zu akzeptieren, wie man ist und somit Frieden mit sich selbst zu schließen. Das bedeutet glücklich und zufrieden sein, einfach eine Frau zu sein.

Besonders in der westlichen Welt wurde Weiblichkeit gleichgestellt mit Kinder gebären und Mutter sein, mit Kinder erziehen und Hausfrau sein, mit kochen, putzen, mit Aufopferung für den Mann und damit, alles zu tun, was der Mann erwartet oder sogar nicht erwartet, damit, brav und am besten sexuell prüde zu sein, nicht zu zeigen, dass Sex Spaß macht usw. Gleichzeitig wurde Männlichkeit mit Blumen geschmückt und als etwas Besonderes dargestellt.

Die Bewegung zur Entfaltung und Befreiung der Frau unterschied nicht zwischen gut und schlecht in dieser Definition und was hauptsächlich in den Köpfen der Menschen hängenblieb, war, dass eine moderne Frau eine Frau ist, die nicht weiblich ist. Das bedeutet, Frauen, die Männereigenschaften hatten, wurden als das neue Ideal der neuen Frau dargestellt. Viele Frauen vermieden somit mehr und mehr, Frau zu sein, sie wollten nicht mehr sie selbst sein, sie hassten nun ihre Sexualität, ihre Körper, ihre Art, ihr Aussehen. Sie entfernten sich von allem, was „weiblich" schien oder mit Weiblichkeit zu tun hatte und somit eben auch von sich selbst. Druck und Unzufriedenheit entstehen. Man ist unglücklich. Am Ende fragt man sich manchmal, ob man Frau oder Mann ist. Mit diesem Durcheinander ist es schwierig, den Kindern ein stabiles Selbstwertgefühl zu vermitteln, denn man hat es selbst nicht. Wenn man sich nicht selbst liebt, ist es fast unmöglich anderen Liebe zu geben.

Sexuelle Frustration

Sexuelle Frustration in der Ehe kann die gesamte Harmonie und den Frieden in der Familie gefährden.

Sex gehört zum Leben und zu einer Partnerschaft. Wenn er fehlt, dann muss er woanders ausgelebt werden, sonst werden natürliche Vorgänge und Elemente, die für das Gleichgewicht zwischen Seele und Körper unabdingbar sind, in einem Menschen fehlen.

Sex ist nicht nur eine lustgebende Handlung, er ist auch einen Weg, um Energie zu erneuern, Stress abzubauen, sich wohlzufühlen, Druck abzubauen usw.

Manche psychosomatischen Beschwerden entstehen nur durch Sexmangel. Das kann sogar zu noch viel schlimmeren Störungen und Krankheiten führen.

Sexuelle Frustration kann auch zu Eheproblemen führen, zur Frustration bis hin zu Gewalt und Perversität, wie Missbrauch oder Vergewaltigung.

Wenn wir wissen, dass die sexuelle Energie eine sehr kraftvolle Energie ist, die unseren Körper und unsere Seele in Gefangenschaft nehmen kann, dann können wir schnell verstehen, wie ein unterdrücken dieser Energie auf unser Verhalten wirkt. Ein zufriedenes und entspanntes Sexleben in der Ehe besänftigt auch die Eltern. Die Energie fließt, sie sind ausgeglichen. Wenn die Eltern aber ein unzufriedenes und unbefriedigtes Sexleben haben, sind sie auch unausgeglichen, unausgelastet. Das kann zu Anspannungen führen mit Aggressivität, Beleidigungen, Verletzungen, seelischen und körperlichen Beschwerden und am Ende sind es die Kinder, die darunter leiden.

Sex in der Ehe hilft Anspannungen zu beseitigen, nach dem Motto, was den Menschen gezeugt hat, kann den Menschen auch retten (Sex) bzw. was dem Menschen das Leben gegeben hat, kann dem Mensch nicht schaden.

Unfreiwilliger Sexmangel erzeugt Druck in uns, wir sind unzufrieden und gereizt, die Bereitschaft zu Streit und Gewalt ist viel höher, er kann Anspannungen steigen lassen, auch zwischen Eltern und Kindern. Bei manchen Eltern ist die sexuelle Frustration der unbewusste Grund für sexuelle Gewalt an Kindern.

Mangelnde Liebe und Selbstliebe der Eltern, Liebesentzug durch die Eltern, Gleichgültigkeit

So banal es klingt – da die meisten von uns denken, es wäre doch sehr selbstverständlich, dass man seine Kinder liebt – mangelnde Liebe der Eltern ist einer der Hauptgründe, warum manche Kinder lebenslang seelische Beschwerden haben und unglücklich sind.

Ich erzähle euch das Beispiel einer Klientin.

Sie ist 42, nicht verheiratet und nach zahlreichen schlimmen Beziehungen ist sie nun mit einem Mann zusammen, der sie liebt, weil er sich selbst minderwertig fühlt – glaubt sie zumindest.

Sie erzählte mir, dass sie ihr ganzes Leben niemals den Satz „ich liebe dich", oder „mein Schatz", oder derlei von ihrer Mutter gehört hat. Ihre Mutter war stets kalt zu ihr. Sie kümmerte sich ordentlich um sie, hielt sie immer sauber, gab ihr stets etwas zu Essen und spielte auch mit ihr, aber alles war so mechanisch. Nichts war wirklich herzlich. Sie glaubt, dass auch ihre beiden Brüder darunter litten, da der eine sehr früh die Schule verließ und Alkoholiker wurde, und der andere – obwohl er sogar studierte und Ingenieur wurde – war medikamentenabhängig, musste früh seinen Job aufgeben und beging schließlich Selbstmord. Und alle waren erstaunt: warum, wieso? Alles war doch immer toll? Der Junge war doch immer lustig und gut drauf?

Der Vater war Polizist, arbeitete viel und wenn er einmal zu Hause war, redete er zwar wenig, zeigt aber zumindest Gefühle, konnte die Kinder auf dem Schoß tragen, sie an der Hand halten, aber viel mehr auch nicht. Meine Klientin hatte das Gefühl, dass die beiden sich gar nicht mehr liebten, aber trotzdem eine Familie blieben.

Sie selbst hatte sie hoch gekämpft und war nun Personalchefin einer großen Dienstleistungsfirma. Sie war hübsch, elegant, intelligent erfolgreich - alles, was eine moderne Frau ausmachen sollte, ein Bilderbuchfrau, wie die Medien sie uns gerne zeigen, aber dennoch war sie totunglücklich.

Sie kam zu mir, weil sie zur Personalchefin befördert wurde, und die Arbeit schien sie zu überfordern. Trotzt mehrerer Führungscoachings hatte sie immer noch Angst im Beruf; obwohl sie ständig aufstieg, hatte sie kein starkes Selbstvertrauen und das belastete sie sehr. Sie hatte ständig Angst etwas falsch zu machen, der Position nicht gewachsen zu sein, und das Gefühl, dass sie sich nicht gegen die Männer durchsetzen könnte. Sie erklärte mir, was sie wollte: nämlich im Beruf stark und selbstbewusst werden.

Nach nur einem Gespräch mit ihr sah ich das Problem nicht im Beruf, mit den vielen Belastungen, und der gestiegenen Verantwortung, nicht in den drohenden männlichen Kollegen und der Konkurrenz, nein, das Problem lag bei ihr. Aber wie die meisten sehr erfolgreichen Frauen, wollte sie nicht glauben, dass ihr mangelndes Selbstvertrauen mit etwas zu tun hatte, worüber sie keine Macht hatte, nämlich mit ihrer Kindheit und ihrer Mutter.

„Ja, aber ich bin nun erwachsen, und kann selbst über mich bestimmen. Meine Mutter hat kaum eine Macht über mich, das ist Blödsinn. Wir verstehen uns gut", sagte sie vehement und lehnte so ab, dass das Coaching persönlich wurde. „Es geht hier nur um meinen Job, es ist schlimmer seitdem ich Chefin geworden bin, deswegen glaube ich, dass meine Angst mit dem Job zu tun hat", fügte sie hinzu.

Ich änderte meine Strategie, als ich über eine Hintertür aber doch zu ihrem Verhältnis mit ihrer Mutter kam, explodierte sie und weinte fürchterlich ohne Ende und so kamen wir zurück, leider zurück zu ihrer Kindheit, dem Heim unseres Glücks oder Unglücks.

Sie erzählte von ihrer Angst, wenn sie ihre Mutter besuchte. Sie hatte Angst, Worte und Sätze, die ihr Leben kaputtgemacht hatten, die ihre Seele krank gemacht hatten, wieder zu hören:

- *„Ich liebe dich nicht, geht weg."*
- *„Ha, verschwinde, verschwinde auf der Stelle, du bist beruflich erfolgreich, aber das kann leider nicht meine Liebe erzwingen."*
- *„Geld macht nicht unbedingt sexy? Warum siehst du so aus?"*
- *„Du fragst mich, warum ich dir keine Liebe zeige? Wer liebt mich denn?"*
- *„Ja, du hast Recht, ich frage mich selbst, warum ich euch auf die Welt gebracht habe, mir wäre lieber, ich hätte euch nicht gekriegt."*
- *„Von mir aus kannst du zum Teufel gehen und dich nie mehr hier blicken lassen."*
- *„Du verdienst nicht, geliebt zu werden, sei froh, dass er bei dir ist."*
- *Und viele mehr*

Sie hatte jahrelang alles unterdrück und nie darüber reden wollen. Sie wollte über ihren beruflichen Erfolg die persönliche Niederlage wettmachen. Deswegen waren diese schlimmen Sätze immer aus ihren aktiven Gedanken verbannt.

Aufgrund der mangelnden Liebe ihrer Mutter hatte sie sich Männer ausgesucht, die die so behandelten, wie ihre Eltern sie behandelt hatten, nämlich lieblos.

Sie war nach außen stark und innen zerbrechlich. Sie litt unter mehreren Arten von Zwangsstörungen, sie zeigte mir ihre Beine, wo sie sich ständig zerkratzte. Sie fand sich selber hässlich und hatte deswegen immer nur nach Männern, die mit ihren eignen Worten „hässlich und dumm" waren gesucht.

Nun sagte sie mir, ihr großer Traum wäre, dass ihre Mutter sie in den Arm nimmt, und sie einfach festhält. Sie müsste gar nicht „ich liebe dich" sagen, einfach nur in den Arm nehmen. Sie würde ihr so gerne alles verziehen.

Wir können Anhand dieses Beispiels sehen, was für ein Leid die mangelnde Liebe der Eltern den Kindern auch im Erwachsenalter verursacht.

Fehlende Liebe der Mutter

Die Frau in meinem Beispiel hatte sogar noch Glück, wenn ich es so nennen darf. Sie wurde trotz allem nicht körperlich misshandelt. Manche Mütter, die keine Liebe zu ihren Kindern spüren, gehen viel weiter, indem sie die Kinder regelrecht misshandeln. Wir kennen Geschichten von Müttern, die ihre Kinder töten, sie verhungern lassen, schlagen. Ich habe mich nach der Erfahrung mit dieser Kundin sehr intensiv mit diesem Thema befasst. Meine Recherchen und Gespräche mit den Betroffenen haben gezeigt, dass dieses Phänomen gar nicht so selten ist. Ich weiß, dass das Thema der fehlenden Mutterliebe tabuisiert wird, doch es gibt sie, es gibt viele Mütter, denen es schwerfällt, gesunde und liebevolle Beziehungen und Bindungen zu ihren Kindern aufzubauen. Es gibt viele Gründe, warum diese Mütter ihre Kinder nicht lieben können: Überforderung, Depressionen, Drogen und Alkohol, kein Wunschkind, Kinder aus Vergewaltigung usw.

Viele haben selbst nicht genug elterliche Liebe bekommen und können diese dann eben auch nicht an ihre Kinder weitergeben.

Der Schaden für die Kinder, ist wie gesagt immens, da Kinder diese Mutterliebe sehr brauchen, um innere Stabilität zu entwickeln und innere Sicherheit zu spüren.

Kinder, die nicht geliebt werden oder wurden, werden es selbst schwer haben, zu lieben. Sie werden ein zerstörtes Vertrauensverhältnis zu sich und ihrer Umwelt haben. Sie werden schwer Vertrauen zu sich selbst entwickeln und entweder anderen Menschen nie, oder naiv, Hals über Kopf vertrauen. Sie werden entweder nicht lieben oder zu abhängig lieben, das heißt mit allen Mitteln, wie Demütigung, Selbsterniedrigung kämpfen, um geliebt zu werden.

Wenn wir unseren Kindern unsere Liebe verweigern, machen wir das Leben unsere Kinder zur Hölle.

Ich habe noch weitere Fälle gehabt, wo der Liebesentzug der Eltern das Leben dieser Menschen zerstört hatte. Der Liebentzug hat mit mangelnder Selbstliebe der Eltern zu tun. Sie lieben sich selbst nicht oder haben selbst keine Liebe von ihren Eltern bekommen. Sie hassen ihre Kinder, um sich zu spüren, um – auch wenn es paradox klingt – leben zu können, um ihr Leid selbst nicht geliebt worden zu sein, ertragen zu können. Für mich ein klarer Fall von Energievampirismus der Eltern. Sie machen ihre Kinder kaputt, saufen deren Energie, um sich in ihrer Schwäche stark und nützlich zu fühlen.

Die Gleichgültigkeit ist für Kinder schwer zu ertragen. Wenn die Kinder den Eltern gleichgültig sind, nehmen sie es als

Lieblosigkeit wahr. Die Gelichgültigkeit kann Kinder sehr traurig machen, viel trauriger als eine ungerechte Bestrafung.

Eine Frau schrieb mir:

„…Ja, meine Mutter ist genervt. Genauso, wie sie damals, als ich ihr (ich war 18) weinend, unsicher und voller Angst erzählte, dass ich mein Essen immer auskotze, und sie hilflos und fast schon gleichgültig mit den Schultern zuckte und sagte „ja, was soll ich denn da jetzt machen? Es interessiert mich nicht." Meine Mutter fragte nie mehr danach. Mein Problem war ihr egal. Ich war ihr gleichgültig. Daraufhin fing ich an, mich richtig zu verletzen."

Ein junger Mann, 19 Jahre alt, schrieb:

„…Meine Mutter ist übrigens gestern wieder für mehrere Tage zu meiner Schwester gefahren. Sie hatte mir nichts davon gesagt, ich erfuhr es gestern Abend von meinem Vater, als ich nach Hause kam. Sie nutzt jede Gelegenheit, um mir zu zeigen, wie gleichgültig ich ihr bin. Es tut so weh. Das ist so schmerzhaft. Ich habe ihr nichts getan. Wir haben keinen Streit. Ich will heute nicht zur Schule gehen. Ich hasse mich, dass sie mich hasst. Das ist auch eine Art von Energieraub, wenn man dann sagen muss "Echt? Davon wusste ich gar nichts", oder sich fragt „Mama, warum tust du das?" Sie wird sich stark fühlen. Ich werde aber nichts sagen. Nichts fragen. Ich werde ihr keine Energie geben…"

Die Gleichgültigkeit der Eltern zerstört viel in den Kindern und diese Zerstörung bleibt auch im Erwachsenenalter bestehen.

Eine Frau. 45 Jahre alt, schrieb:

„…Mein Vater gibt mich meistens gleich weiter an meine Mutter, wenn ich anrufe, weil er keine Zeit hat mit mir zu reden. Meine Mutter geht dran und sagt nichts. Wenn ich Frage stelle, antwortet

*sie. Sie fragt gar nicht, wie es mir geht oder so. Mit meiner Mutter
telefoniere ich so einmal die Woche, aber sie ruft mich eigentlich nie
an, es muss schon von mir ausgehen. Diese Gleichgültigkeit geht
schon so seit meiner Kindheit. Das bringt mich um. Das nimmt mir
die Luft weg. Ich bin – seit ich 12 bin – fast non-Stop in
verschiedenen Therapien gewesen, die leider nichts gebracht haben.
Ich habe sie neulich angerufen und fröhlich mitgeteilt, dass ich
beruflich befördert wurde. Mein Vater sagte gleich „ich gebe dir die
Mama." Meine Mama fragte nur, „bekommst du mehr Geld?" Ich
sagte ja. Sie sagte dazu, „na, dann bist du bald schuldenfrei bei
deiner Bank." Als Kind war ich musikalisch und sportlich sehr
begabt. Eines Tages kam ich mit einer Trophäe nach Hause. Meine
Mutter sagte nur dazu, „wo soll ich den Scheiß denn
hinstellen?" Ich habe nie mehr wieder Musik gemacht und Sport
getrieben. So verletzt war ich. Null Anerkennung. Totale
Gleichgültigkeit. Was habe ich meinen Eltern angetan? Warum bin
ich ihnen so unwichtig?..."*

Ein Siebzehnjähriger meint:

*„...Meine Mutter zeigt nicht wirklich dass sie sich für mich freut.
Mein Vater freut sich auch nicht so richtig, aber wenn ich ihm z.B.
erzähle, dass ich eine gute Note habe, sagt er z.B. „echt!" und
lächelt dabei.*

*Bei meinen Eltern habe ich das Gefühl, dass ich ihnen egal bin,
besonders bei meiner Mutter. Meine Freundin hat mal zu mir
gesagt, dass mein Vater zu ihr gesagt hätte, meine Mutter mag
mich nicht besonders, weil ich meinem Vater so ähnlich bin. Wissen
Sie, Herr Dantse, ich hasse diese Gleichgültigkeit. Mir wäre lieber,
sie würden mich töten, mir wehtun, als mich ständig zu ignorieren.
Ich muss mich einfach verletzen, um etwas zu fühlen, sonst habe ich
das Gefühl, dass ich nicht lebe. Die Gleichgültigkeit meiner Eltern*

ist das schlimmste für mich und das geht so seitdem ich ein Kind war…"

Was diese Menschen, die einmal Kinder waren, erzählen zeigt deutlich, wie schlimm Gleichgültigkeit ist, und was sie in Kindern zerstört. Die Gleichgültigkeit macht die Kinder unsicher. Sie haben ständig Angst, leben mit Schuldgefühlen. Das zerstört ihr Vertrauen und Selbstwertgefühl.

Falscher Erziehungsstil der Eltern

Überbehütung, Überbemutterung, Vernachlässigung, Verwechslung von Liebe und Sentimentalität

Die Überbehütung von Kindern schadet Kindern, Eltern und der Gesellschaft.

Eltern, die sich überfürsorglich verhalten, schaden ihrem Kind, obwohl sie das Gegenteil wollen.

Überbehütung und Vernachlässigung schaden den Kindern und machen sie auch als Erwachsene unselbständig. Außerdem können sie schwer Selbstvertrauen entwickeln.

Wir Eltern wollen nur das Beste für unsere Kinder und dafür geben wir uns sehr viele Mühe, aber warum sind dann so viele Kinder trotzdem in ihrem Verhalten gestört bzw. auffällig? Es liegt meiner Meinung nach auch an der Überbehütung der Kinder.

Beim Volk die Bamileké in Kamerun sagt ein Sprichwort:

„Zu viel des Guten schadet dem Guten."

Allgemein kann alles, was zu viel ist, auch wenn es gut ist, am Ende doch schaden.

Wir trauen unseren Kindern zu wenig zu.

Kinder müssen Fehler und negative Erfahrungen machen dürfen. Nur aus eigenen Erfahrungen, können Kinder Selbstvertrauen aufbauen. Niemals nur aus den Erfahrungen der Eltern.

Wir Eltern sind zu viel vorsorglich geworden. Wir passen auf alles auf, wollen unseren Kindern alles ermöglichen und sie verwöhnen.

Wir wollen die Zukunft unserer Kinder fest im Griff haben. Wir sind halt modern. DIE MODERNEN KOMPETENTEN MITTELSCHICHTSELTERN, die alles können und alles erreichen wollen.

Aus Liebe möchten wir bis in die Details alles wissen, was die Kinder machen, mit wem sie in der Schulpause ein Wort gewechselt, mit wem sie gelacht, gestritten, gespielt haben.

Die Freunde unserer Kindern werden unsere Freunde, um die Freundschaft noch zu vertiefen und noch mehr Kontrolle über das Kind zu bekommen – selbstverständlich „aus Liebe für und Interesse am Kind".

Wenn die Eltern ihrer Freunde uns nicht passen, reden wir mit unseren Kindern so, dass sie die Freundschaft nicht fortführen. Wir informieren uns genauestens über alle Menschen, die mit unseren Kindern zu tun haben. Alle Schul- und Sportaufführungen und alle Freizeitaktivitäten unserer Kinder laufen nur über uns. Es ist doch klar, dass wir da mitmachen müssen. Eltern die das nicht tun, werden als unmodern, asozial, mit niedrigem Niveau abgestempelt. Wir haben Mitleid mit ihnen und ihren Kindern und manchmal bieten wir uns sogar an, um ihnen zu zeigen, wie man Kindern die Aufmerksamkeit gibt, die sie brauchen.

Wir geben unseren Kindern mehr Wichtigkeit als sie eigentlich brauchen und nötig haben. Bei kleinsten Schwierigkeiten sind wir schon da, intervenieren sofort und lassen nicht zu, dass das Kind alleine versucht, selbstständig die Schwierigkeiten zu beseitigen oder gar erst einmal richtig zu erkennen. Alles dreht sich um das Kind. Das ganze Programm geht um das Kind. Was wir essen, trinken, reden, bestimmen nun die Kinder.

Das Wort „Schatz" ist, wenn wir mit unsere Kinder reden, ständig in unserem Mund. Fällt das Kind zum Beispiel bei einem Fußballspiel auf den Boden, rennen wir sofort auf das Spielfeld: *„Oje, mein Schatz, war so schlimm, ja, es hat wehgetan, gell? Ja komm, Liebling, ja, es ist so schlimm"* und wir drücken es fest in die Arme ohne zu wissen, dass wir dabei sind etwas zu zerquetschen. Wir überbewerten den Wert des Kindes und nehmen so einen großen Einfluss auf die Persönlichkeit der Kinder.

Wollen wir etwas machen und die Kinder sagen nein, dann geht es nicht. Kommt eine gute Sendung im Fernsehen, die wir unbedingt schauen möchten, wird das Gerät aber abgeschaltet, weil die Kinder dabei sind, obwohl diese gerade ihre Programme genossen haben.

Die Wünsche der Kinder sind fast Befehle. Die Kinder entscheiden über ihre Freizeitaktivitäten und wir Eltern müssen uns jammernd zur Verfügung stellen. Wollen sie in der Woche zum Fußball, zum Basketball, zum Tanzunterricht, zur Musikstunde, usw. richten wir unsere Zeitplan danach, auch wenn es für uns zeitlich kaum zu schaffen ist. Aber wir müssen doch unseren Kindern alle Chance geben, vielleicht wird er morgen ein Messi, oder ein Michael Jackson, oder Michael Jordan oder ein Michael Schumacher? Ja, die anderen müssen sehen, wie sehr wir uns für die Zukunft unserer Kinder einsetzen. Dass wir dafür den Tag so angespannt planen, dass zu Hause kaum ein richtig entspanntes Familienleben (Beziehungszeit) möglich ist, das für das Kind noch viel wichtiger wäre, übersehen wir.

Kinder werden kapriziös und verlieren allen Respekt vor den Eltern und anderen Erwachsenen und vor sich selbst. Sie wollen etwas und zwar jetzt sofort auf der Stelle und sie bekommen es auch. *„Bloß nicht die Nachbarn und Freunden bzw. Eltern der Freunde unserer Kinder denken lassen, dass wir unseren Kinder etwas Materielles nicht kaufen können."*

Die Kinder wissen selbst nicht mehr, was sie wollen und was nicht, was gut für sie ist und was nicht. Wir sehen Kinder, die jeden Tag einen neuen Freizeitwunsch haben und sich kaum Zeit nehmen, sich auf irgendetwas zu konzentrieren und es dann auch zu können. Die Kinder haben keine Ausdauer, keine Geduld. Die Freundschaften werden auch gewechselt wie Unterhosen.

Wir lieben unsere Kinder zu sehr und verwechseln dabei Liebe mit Sentimentalität. Sentimentalität ist eine Schwäche, die schwach macht. Die Kinder werden fast nur gelobt, auch wenn sie das Lob nicht verdient haben. Manche Eltern betrachten ihre Kinder sogar als Freunde.

Konsequenzen: Die Kinder sind über fordert, stehen unter Konkurrenzdruck, haben Bindungsschwierigkeiten und -ängste, haben keine gefestigte innere Stabilität, sind ständig unzufrieden, neidisch, eifersüchtig, sind mental labil, haben Schwierigkeiten sich alleine durchzusetzen, sind unselbständig, kleben an den Eltern, manche schaffen es hart, aber nicht stark zu sein, sie sind psychisch instabiler als andere Kinder, sie rasten von jetzt auf gleich völlig aus, sie sind unruhig, manche werden gewalttätig, sie schaffen es nicht richtig, sich von den Eltern zu befreien und das verhindert ihre totale Entfaltung, sie können Problem mit dem Selbstvertrauen haben und bei ersten Schwierigkeit fühlen sie sich überfordert, besonders , wenn die Eltern dann nicht an ihrer Seiten stehen. Die Kinder schätzen das Besondere nicht mehr, weil es das Besondere jeden Tag gibt, das führt wiederum zu schnellerer Frustration.

Damit ist gezeigt, wie wir mit unserer Liebe unseren Kinder Schaden zugefügt haben, obwohl wir nur etwas Gutes tun wollten. Egal, ob wir es wollten oder nicht, erschaffen wir ein Verhältnis der Bedürftigkeit. Das Verhältnis kippt dann um. Unbewusst kämpfen wir immer stärker für uns, als für die Kinder. Wenn die Kinder gut in der Schule sind, dann sind wir gute Eltern. Wenn die Kinder nur gute Noten haben, dann sind wir intelligent, wenn die Kinder gut im Sport sind, dann sind wir tolle, sportliche Eltern, wenn die Kinder nur Markenkleidung tragen, dann sehen die Leuten, dass wir es finanziell gut haben, wenn die Kinder Probleme haben und wir sie sofort lösen, dann erkennt das Kind, wie wichtig wir sind, wie liebevoll und gutmütig. Wenn es aber anders ist, dann sind wir gescheitert. Die Kinder dienen uns als Zweck, damit wir uns gut fühlen. Wir brauchen die Energie unserer Kinder, um selbst glücklich zu sein.

Wir werden – ohne es zu wollen oder beabsichtigt zu haben – Energievampire. Das ist ein Fall von Energievampirismus, obwohl wir etwas „Gutes" tun wollten.

Wir sind nun bedürftig und die Kinder werden unsere Bedürfniserfüller.

Wir ziehen durch unser Verhalten die Energie der Kinder ab, ohne dass es ihnen bewusst wird. Sie glauben immer noch, dass sie eine tolle Kindheit hatten und wir Eltern sind dann erstaunt, wenn die Kinder irgendwann bei einem Psychologen landen. Es war doch klar. Diese Energie, die wir ihnen geraubt haben, um uns als tolle Eltern darzustellen, fehlt ihnen irgendwo. Sie haben für sich selbst keine Energie mehr und „fallen um".

Viele sehr behütete Kinder werden in ihrem Leben immer externe Hilfe suchen, um ihre Mitte zu finden. Sie sind auch mental sehr fragil und sind anfällig für psychische Problemen.

Während meiner *„Ausbildung"* als Papa und Mama für meine Geschwister, als ich ca.15 war, sagten meine Eltern mir oft, wenn wir alles daran setzen, dass die Kinder erfolgreich sind, um uns als kompetent, toll, wunderbar, zu sehen und zu feiern, schaden wir der Seele dieser Kinder, sogar mehr, als die Seelen der Kinder beschädigt werden, die man auf der Straße gelassen hat, die sogenannten vernachlässigten Kinder.

Die Überbehütung und das Fokussieren darauf, dass die Kinder keine Fehler machen, sich nicht wehtun, der unbedingte Wille, die Kinder zu schützen, beim ersten Hilfeaufruf schon diverse Hilfe anzubieten, ist fast immer nur eine narzisstische Liebe; es ist Egoismus. Es bringt am Ende nur diejenigen etwas, die überbehüten und nicht denen, die überbehütet werden. Diese Eltern brauchen die Rückmeldung der Kinder (du willst mir nur Gutes tun, du tust mir Gutes, du bist mir sehr wichtig, ohne dich bin ich verloren, ihr seid gute Eltern, usw.), um selbst leben zu können. Es sind oft Eltern, die selbst voller Unsicherheiten und Ängste sind und so, ohne es zu wissen, die Energie der Kinder rauben.

Hierzu habe ich auch ein Beispiel einer Klientin (38), die ich lange betreut habe. Sie schrieb:

„Als Kind war ich meiner Mutter die allerbeste Freundin, Seelsorgerin, Krankenschwester. Ich hatte eine sehr behütete Kindheit und wurde stets gefördert. Ich habe viel, fast alles, bekommen, aber im Gegenzug erwartete man von mir schulische Leistung und Anpassung. Meine Eltern haben viel mit mir zu Hause für die Schule geübt. Wenn ich eine 3 schrieb, war zu Hause Weltuntergangsstimmung. Meine Mutter war sehr fürsorglich. Sie kaufte immer etwas, wenn sie meinte, ich könnte es gebrauchen. Auch bringt sie heute noch aus Urlauben immer viel für mich mit. Meine Mutter ruft fast jeden Tag an. Als ich mit meinem Mann und Kind im Urlaub war, schenkte sie mir noch drei weitere Tage auf der Insel und ich das musste annehmen, um sie nicht zu enttäuschen. Ich habe mit 14 meine Tage bekommen. Meine Mutter hatte mich darauf vorbereitet; allerdings war es ein komisches Gefühl. Zu diesem Zeitpunkt schlief ich noch ab und zu nachts liebend gern neben meiner Mutter im Ehebett, z.B. wenn ich eine gute Note erhalten hatte. In diesem Fall musste mein Vater dann in mein Kinderzimmer ausweichen, damit ich Mama knutschen durfte. Meine Mutter war sehr fürsorglich, sie erfüllte mir fast jeden Wunsch…"

Dieser Frau geht heute sehr schlecht. Sie kann kaum eine Beziehung führen, ihre Mutter hat bis heute Macht über sie und entscheidet mit, wie ihre Liebesbeziehung sein sollte. Sie ist depressiv, aggressiv, benimmt sich mit 38 noch wie ein kleines Mädchen, hängt total an ihrem Mann, der sie misshandelt. Sie schafft es nicht, auch nur die kleinste Sache selber zu machen. Sie ist schnell überfordert, egoistisch. Sie erwartet alles von anderen und von ihrem Mann und selbst gibt sie nichts. Sie erwartet, dass ihr Mann sie behandelt wie ihre Mama sie behandelt, wie ein kleines Mädchen. Sie ist psychisch instabil, hat Zwänge, ist kontrollsüchtig, extrem eifersüchtig und sehr kindisch. Und ihre Mama nervt sie jetzt, da sie den Eindruck hat, dass sie ihre Energie raubt, um ihre einsames Leben durchzustehen. Sie schreibt

„Ich werfe ihr vor, mich energetisch missbraucht zu haben. Ich werfe ihr vor, dass sie sich selber nicht in Frage stellt. Sie meint ich hätte alles ihr zu verdanken, sie hätte immer Recht und sie macht ihrer Meinung nach alles richtig. Sie verletzt mich immer wieder mit Worten und drückt mir ihre Meinung auf, auch wenn ich sie nicht danach frage. Heute ist sie für mich eine personifizierte Hassliebe, weil ich ihre Vorzüge kenne aber ihre negative Seite schwer tolerieren kann. Aber ich brauche sie sehr. Wie sie selbst sagt, was kann ich ohne sie? Ich weiß heute, dass ich meine Kinder nicht so behüten werde. Es macht abhängig. Es macht süchtig, du geht's darunter kaputt, aber du kannst dich emotional nicht mehr trennen. Das ist schlimm für mich, heute zu sehen, dass es keine selbstlose Liebe war. Sie brauchte diesen Erziehungsstil für sie selbst…"

Kinder, die übertrieben verwöhnt werden, kennen kein Mitgefühl. Wenn sie groß sind, erwarten sie, dass sich alles immer um sie dreht und dadurch werden sie sozial unfähig.

Dass Vernachlässigung ein großes Hindernis für die Kinder darstellt, um glücklich zu werden, ist bekannt und mehr brauche ich darüber nicht zu schreiben. Vernachlässigte

Kinder entwickeln sehr schnell Komplexe, seien es Minderwertigkeitskomplexe oder übertriebene Überlegenheitskomplexe. Diese Kinder haben Schwierigkeiten, Kontakt mit anderen zu knüpfen, sie können auch gewalttätig sein.

Dass überbehütete Kinder die gleiche Verhaltensauffälligkeiten zeigen wie vernachlässigte Kinder, wird sicher viele erstaunen, aber das ist eine Tatsache. In der afrikanischer Kultur sagt man sogar, dass ein vernachlässigtes, verwahrloses Kind mehr Chancen hat, irgendwann im Leben glücklich zu sein, als ein übertrieben verwöhntes Kind.

Wichtig ist allerdings: das Bemühen um das Wohl der Kinder ist nicht mit Überbehütung gleichzusetzen. Es kommt auf das richtige Maß an!

Burnout und Depressionen-Fördernde Einstellungen, entstanden durch ErziehungsFehler – Depression Kann ihre Ursache in der Kindheit haben

Anfälligkeit für Burn-out, Depression und psychische Krisen im Erwachsenenalter finden ihren Ursprung oft in der Kindheit; dort vermasseln Eltern die Zukunft der Kinder.

Mein Vater sagte uns (Kindern) immer, dass die Eltern aufpassen sollten, die Kinder nicht so zu erziehen, dass sie als Erwachsene krank werden. Er meinte, viele Menschen, die antrieblos sind, sich ständig mit negativen Gedanken beschäftigen, sich nicht konzentrieren können, die ständig unter psychosomatischen Krankheiten leiden, sind oft unschuldig daran. Vielmehr, sagte er, finden sich die

Ursachen dieser Leiden oft in der Kindheit, in der falschen Erziehung der Eltern.

Heute ist wissenschaftlich beweisen, dass Erziehungsfehler, eine schlechte Kindheit, Grundsteine einer depressiven Erkrankung sein können. Das bedeutete, dass viele Menschen, die unter Depressionen leiden, eine gestörte Kindheit gehabt haben könnten. Diese Erziehungsfehler schleppen die Kinder also jahrelang mit sich herum, und wenn die Krankheit ausbricht, denkt niemand mehr dran, dass die Ursache weit in der Kindheit liegen könnte.

Ich habe viele Menschen, die unter depressiven Verstimmungen leiden, gecoacht. Ich habe mit vielen Menschen, die Depressionen haben, gesprochen. Ich habe bei einem großen Teil bemerkt, dass sie ähnlich über ihre Kindheit redeten. Es kamen immer öfter die gleichen Erziehungsfehler zur Sprache.

Erziehungsfehler sind zum Beispiel:

- Gewalt in der Familie, Gewalt gegen Kinder, Gewalt unter den Eltern.
- Gefühl der Ablehnung durch die Eltern, dadurch kämpfen die Kinder noch mehr, um die Akzeptanz der Eltern zu bekommen und deswegen tun fast alles, was die Eltern erwarten.
- Liebesentzug, bzw. Bestrafung der Kinder durch Liebesentzug. Eine Konsequenz davon ist mangelnde Selbstliebe der Kinder.
- Konditionierte Liebe, (Liebe, die an irgendetwas geknüpft ist, zum Beispiel Eltern die dem Kind zu verstehen geben, dass es nur geliebt wird, wenn es lieb und brav ist, wenn

es nicht schreit, wenn es gute Note hat, ruhig ist, oder immer das tut, was Eltern wollen, usw.). Das Kind, um den Eltern zu gefallen, um geliebt zu werden, passt sich an und frisst alles in sich hinein. Irgendwann kommt alles wieder heraus und kann dann Depressionen verursachen.

- Falsch vermitteltes Selbstwertgefühl. Die Kinder schämen sich und fühlen sich gegenüber anderen Kindern minderwertig (hässlicher, ärmer usw.).
- Falsche vermittelte Werte
- Den Kindern ständig Schuldgefühle vermitteln.
- Kinder nie loben und ihnen kaum Anerkennung schenken.
- Den Kindern nicht die Möglichkeit geben, sich frei auszudrücken, auch mal nein sagen zu dürfen.
- Wünsche der Kinder ignorieren.
- Ständige Erniedrigung der Kinder, dies führt dazu, dass sie Kinder kaum Selbstvertrauen entwickeln, und unselbstbestimmt bleiben.
- Die Kinder werden isoliert. Kinder haben wenige oder kaum Freunde, oder sie dürfen Freunde nicht mit zu sich nach Hause bringen und sind deswegen meist nur bei anderen Kindern.
- Negative und falsche Glaubenssätze in der Kindheit, die dazu führen, dass die Kinder gegenüber sich und der Umwelt eine negative Einstellung entwickeln.

Grenzenlosigkeit, Distanzlosigkeit, Respektlosigkeit, Hierarchielosigkeit, lasche Erziehung ohne Verbote und Konsequenzen

Kinder kommen in unsere Welt ohne zu wissen, wie es hier ist. Sie sind deswegen nur an ihren Bedürfnissen interessiert. Sie wollen nur die Befriedigung dieser Bedürfnisse. Sie sind einfach auf sich konzentriert und wissen nicht, dass es andere Menschen gibt, die auch andere Bedürfnisse haben. Sie fühlen sich sicher und glücklich, wenn ihre Bedürfnisse erfüllt sind. Aber da man nicht nur nach seinen Bedürfnissen leben kann, ist es unsere Aufgabe, als Eltern dies mit Liebe, Sanftheit, aber Entschlossenheit, ohne Machtdemonstration, den Kindern beizubringen. Wir müssen schon sehr früh anfangen, Grenzen zu setzen. Grenzen innerhalb derer die die Kinder dann aber völlig frei entscheiden können und dürfen.

Es ist klar, dass Grenzen setzen harte Arbeit ist. Es verlangt Geduld, Erklärungen, Stärke, Präsenz, Verständnis, Mitmachen, Zeitaufgeben, Zeit nehmen, Hartnäckigkeit. Diese harte Arbeit ist der Hauptgrund, warum viele Eltern darauf verzichten, Kindern Grenze zu zeigen – womit sie den Kindern schaden. Kinder brauchen Richtungsgeber. Es gefällt Kindern, ihre Grenzen zu kennen. Unsere Kinder wollen, dass wir ihnen zeigen, wo es langgeht, um auch eine innere, seelische Stabilität zu spüren. Überbehütete und verwöhnte Kinder, die ohne Grenzen, ohne Distanz aufwachsen, werden es später im Leben schwerhaben, da dort draußen in der Welt Unmenge Grenzen (Regeln, Ordnungen, Gesetze, usw.) auf sie warten.

Schnelles Nachgeben in der Erziehung, nicht hartnäckig genug sein, Grenzenlosigkeit, Respektlosigkeit und

Disziplinlosigkeit sind Tore für Unruhe, Unzufriedenheit, Unglücklichsein mit dem, was man hat und wer man ist.

Eine grenzenlose Erziehung führt dazu, dass Kinder sich auf ungesunde Art übermäßig stark fühlen. Sie haben Allmachtsfantasien und benehmen sich manchmal wie kleine Tyrannen. Und wer mit Kindern zu tun hat, weiß, wenn Kinder die Macht „erobert" haben, nutzen sie diese wirklich grenzenlos aus. Wenn dann eine Sache nicht nach ihrer Nase und nicht sofort läuft, reagieren sie vulkanartig. Sie verhalten sich wie kleine Desposten, egozentrisch, egoistisch, und sie haben Schwierigkeiten mit Frustration umzugehen. Kleinste schwierige Situationen bringen diese Kinder außer Kontrolle. Sie haben ständig Migräne, Bauchschmerzen und weitere psychosomatische Beschwerden. Der starke Wille, den sie haben, um sich gegen ihre Eltern durchzusetzen, fehlt ihnen, um tagtägliche Situationen außerhalb des Elternhauses zu meistern. Drogenmissbrauch, ausufernde Partys, übermäßiger Alkoholkonsum, Gewalt, exzessiver Sex sind weitere Konsequenzen neben den psychosomatischen Beschwerden.

Wenn wir unsere Kinder nicht dazu erziehen, dass sie uns Eltern respektieren, uns als Machtpersonen sehen, schaden wir dem Kind in seiner Wahrnehmung, wer es ist und was es kann. Viele verwechseln Angst mit Respekt. Ein bisschen Angst muss sein, die Angst zum Beispiel, die auch wir Erwachsenen haben, etwas Unwürdiges zu tun, weil wir bestraft werden könnten. Wir haben keine zitternde Angst vor dem Gericht, oder vor der Polizei. Aber eine gesunde Angst, dass die Polizei da ist, um für Ordnung zu sorgen, und diese wenn nötig mit Autorität durchzusetzen, bringt uns dazu, bestimmte unschöne Sache nicht zu tun – gleichzeitig fühlen wir uns durch ihre Präsenz und Macht in Sicherheit. Wir wissen, dass sie da ist, um zu schützen und gerade das nimmt uns die Angst und die Sorge und nicht das Gegenteil.

Grenzen setzen bringt Sicherheit und Grenzlosigkeit bringt Unsicherheit, Instabilität.

Erziehung ohne Klarheit verwirrt die Kinder

Kindererziehen in Frageform bringt Kindern keine Klarheit, aber Klarheit ist das, was Kinder brauchen. „Möchtest du jetzt Pause machen, oder willst du weiter Fifa 14 spielen?" Das Kind spielt seit drei Stunden, es reibt sich seit einer halben Stunde die Augen, schüttelt ständig seinen Kopf, alles Zeichen dafür, dass es ihm nicht mehr guttut. Anstatt dass wir sagen „Robert, jetzt reicht es für heute", fragen wir „Robert, willst du eine Pause machen, oder möchtest du weiterspielen?", „möchtest du schlafen, oder möchtest du noch wachbleiben?", „möchtest du jetzt deine Hausaufgabe machen, oder willst du noch spielen?" – was glauben wir denn, was die meisten Kinder antworten werden? Ganz klar: weiterspielen und nicht gerade jetzt aufhören, wo sie eine Revanche wollen. Natürlich würden sie lieber wachbleiben, usw. Dass sie sich dadurch schaden können, erkennen sie in diesem Moment nicht. Eigentlich sind sie damit überfordert, ständig selbst entscheiden zu müssen. Sie fühlen sich orientierungslos, allein auf sich gestellt. Eine Konsequenz solcher Erziehung ist, dass wir damit das erreichen, was wir gerade nicht wollten. Die Kinder empfinden dieses Verhalten als Unentschlossenheit der Eltern. Und gerade, weil wir unentschlossen sind, werden die Kinder selbst unentschlossen. Es fehlen ihnen dann wichtige Elemente, die ihnen im Laufe ihrer Entwicklung helfen würden, ihren eigenen Standpunkt zu entwickeln. Sie verwechseln deswegen feste Standpunkte mit Sturheit und Bockigkeit.

Kinderziehung ohne Verbote führt dazu, dass die Kinder unfähig werden.

Kindererziehung kommt nicht ganz ohne Verbote aus.

Aber die Verbote müssen im Rahmen sein. Ständige und häufige Verbote führen dazu, dass die Kinder gerade das tun, was wir durch die Verbote verhindern wollten. Deswegen müssen Verbote gut dosiert werden und sollten nicht zu einer Machtdemonstration werden. Sonst werden die Kinder frustriert und reagieren dann aggressiv.

Lasche und inkonsequente Entscheidungen und Handlungen schaden den Kindern.

Inkonsequente Erziehungsmethoden können Kindern in ihrer Persönlichkeitsentwicklung schaden. Lasche und inkonsequente Handlungen führen dazu, dass die Kinder keine Grenze erkennen oder akzeptieren, dass die Kinder nicht lernen zu unterscheiden, was gut und was schlecht ist, dass die Kinder keine Manieren, keinen Respekt und keine Moral lernen, dass sie sich schwer in eine Gruppe und in die Gesellschaft integrieren können und man könnte noch vieles mehr aufzählen.

Mit dieser Art von Erziehung, bei der wir bei Entscheidungen und Handlungen nicht konsequent sind, erziehen wir gesellschaftlich unfähige Erwachsene. Ja, wir sind dabei kleine Tyrannen zu fabrizieren. Und die Tyrannei wird zuerst an uns Eltern ausprobiert.

Ich höre und sehe immer mehr Eltern, besonders Mütter, sich beklagen und jammern, dass sie nicht mehr wissen, was sie tun müssen, dass sie alles versucht haben und nichts hat etwas gebracht; die Kinder hören einfach nicht und tun nur, was sie wollen.

Lasche Erziehung gibt den Kindern eine Scheinmacht:

Mama, komm her!

Warum?

Ich will, dass du jetzt sofort kommst!

Warte, mein Schatz.

Maaama koooooooomm!!! (das Kind schreit)

Die Mama rennt dahin, wo das Kind ist.

„Du musst aber nicht so schreien", sagt die Mama mit Kinderstimme.

„Ich will aber Wasser trinken!"

„Kannst du nicht bitte sagen?"

Das Kind fängt an zu schreien

Die Mama eilt herbei mit einem Glas Wasser, ohne dass das Kind Bitte gesagt oder aufgehört hätte zu schreien.

Ja, es ist gut doch. Du brauchst nicht so zu schreien

Warum bist du nicht sofort gekommen?!

Das Kind fühlt sich stark. Im ersten Moment scheint es nur Gewinner zu geben. Das Kind schreit nicht mehr, hat sein

Wasser und die Mama ihre Ruhe. Die Nachwirkungen aber sind katastrophal für beide.

Die Mutter macht alles, was das Kind möchte und zeigt sich selbst dabei so machtlos. Das Kind registriert das genau und wird in Zukunft vermehrt weitermachen und sein Repertoire erweitern.

Viele Eltern sagen einfach Ja, weil sie ihre Ruhe haben wollen, oder aus Angst, die Zuneigung ihrer Kinder zu verlieren.

Kinder, die ohne Grenzen, ohne gesunde Verbote aufgewachsen sind, Kinder, die eine gesellschaftliche Hierarchie nicht kennen, werden im Leben eingeschränkt sein.

Kinder zur Krankheit und zum Krankwerden konditionieren: Ein Experiment über drei Jahren mit vier unterschiedlichen Familien mit klaren Ergebnissen

Ich bin der Meinung, dass Körperverletzung nicht immer nur eine aktive oder bewusste Handlung sein muss, damit sie so eingestuft wird. Manche Erziehungsstile, wie wir im Laufe dieses Buch lesen werden, sind der Körperverletzung absolut gleichzustellen. Es spielt keine Rolle, ob es bewusst oder unbewusst passiert, ob man es nur gut gemeint hat oder nicht, ob man es wusste oder nicht, ob man es aus Liebe, Mitgefühl, Fürsorge getan hat oder nicht. Tatsache ist einfach, dass manche Erziehungsstile dazu führen, dass Kinder seelisch und körperlich kaputtgehen. Wenn ich einen Unfall baue, bei dem zum Beispiel ein Mensch schwer verletzt wird, werde ich bestraft und zahle dafür. Aber ich bin doch nicht hinausgegangen, ins Auto gestiegen, um mit Absicht einen

Unfall zu verursachen. Es war keine Absicht dahinter, trotzdem werde ich bestraft und muss die Konsequenzen meiner Handlung tragen. Es heißt immer, ich hätte aufpassen müssen. Warum gilt das nicht bei der Erziehung?

Die Sache mit dem Krankwerden verdeutlicht ganz gut, was ich sagen möchte und die Erfahrungen, die ich mit vier Frauen, vier Müttern, gemacht habe sind ein Beispiele dafür, dass Eltern Kinder kranker oder gesünder machen können. Eltern können dazu beitragen, dass Kinder Krankheiten entwickeln und öfter krank werden, oder Krankheiten abwehren und selten bzw. wenig krank werden.

Kranksein und Krankwerden bzw. Krankheiten bekämpfen oder abwehren ist auch eine Einstellungssache. Viele Krankheiten fangen zuerst im Kopf an. Deswegen sind viele Medikamenten Scheinarzneien, die man gewöhnlich Placebo nennt. Manche Kinder und Erwachsene sagen „ich bin krank", und sind dann wirklich krank und manche sagen „ich werde gesund" und die Krankheit heilt schneller. Man bekämpft die Krankheit auch im Kopf. Mit dem starken Willen gesund zu werden und mit dem Glauben, dass man wieder gesund wird, bleiben viele Krankheiten nicht lange in uns. Die Einstellung zu Krankheiten, die wir Kindern in jungem Alter mitgeben, entscheidet, ob diese Kinder in Zukunft Krankheiten einladen werden und ständig krank sind, oder ob sie Krankheiten bekämpfen und abwehren und weniger krank sind.

Ich erzähle hier die Geschichte über das Experiment mit vier Müttern.

Ich suchte per Aushang in Darmstadt werdenden Mütter und Mütter, die kleine Babys und Kinder haben. Es meldeten sich weit mehr, als ich erwartet hatte und nach bestimmten Kriterien suchte ich vier aus:

Mutter A hatte drei Kinder: eines von neun Monaten, ein vier- und ein sechsjähriges. Sie war selbst ständig krank, gar nicht so schwerwiegende Krankheiten. Sie war eine, die sich schon beim ersten Schmerz Sorge machte, in Büchern nachschlug, zum Arzt ging und Tabletten nahm. Sie war sehr vorsichtig und versuchte immer, durch Medikamente die Krankheit schnell wegzubekommen. Sie stellte sich immer vor, wie die kleinen Beschwerden doch zu einer viel schlimmeren Krankheit werden konnten und war schon beunruhigt, wenn sie nicht schnell verschwanden. Genauso machte sie es mit ihren Kindern, die sie, wie sie meinte, nur schützen wollte. Wenn die Kinder Beschwerden hatten, machte sie sich viele Sorgen und redete den Kindern ein, wie schlimm es sei, und dass sie lieber nicht zur Schule gehen sollten, dass sie Medikamente schlucken und zum Arzt gehen müssten. Um die Kinder wirklich zu überzeugen, erzähle sie ihnen Geschichten, dass bei anderen Kindern so eine Krankheit schlimme Folge hatte. „Du bist sehr krank, ja, mein Schatz, legt dich hin, brauchst du eine Wärmflasche? Nein, du bleibst lieber zu Hause, renne nicht mehr so herum, das ist nicht gut für deinen Kopf, es könnte dir schwindelig werden, wir müssen aufpassen, dass die Kopfschmerzen nicht von einer Infektion kommen, oh, deine Nackenschmerzen könnten ein Indiz dafür sein, dass du gelähmt sein könntest!

Bauchschmerzen, mein Liebling? Hast du? Oje, hast du etwas gegessen, ohne deine Hände zu waschen? Bauchschmerzen können bedeuten, dass du eine Magen-Darm-Infektion hast" usw. Ihre Kinder wuchsen mit dieser Einstellung zu Krankheiten und dem Krankwerden auf, in ihren Kopf wurde eingepflanzt, dass alles schlimm sein kann. Ihre Mutter hätte es mit ihr auch so gemacht. Das wäre Fürsorge. Zufällig war ihre Mutter nicht die Gesündeste und zufällig waren ihre zwei Kinder von vier und sechs ständig krank. Ich schlug ihr vor, in einem Coaching mit dem neuen Baby anders vorzugehen, um den Unterschied zu sehen. Sie war willig, mein Experiment mitzumachen und ihr kleinstes Kind mit einer rein positiven Einstellung zu Krankheiten zu erziehen und ab jetzt die Großen auch. Das war eine sehr große Anstrengung für sie, da sie an sich selbst arbeiten und ständig über ihre Grenzen gehen musste. Der Wille und die Hoffnung, dass es anders werden könnte und es ihren Kindern dann besser ginge, gaben ihr die Motivation dazu. Bei Krankheiten rief sie mich an, und ich motivierte sie ständig. Wir hatten eine Liste von positiven Formulierungen verfasst, die sie einfach auswendig lernte und sie den Kindern wiederholte. Wir erfanden dazu auch Geschichten, in denen Tiere und Kinder über die Krankheit siegten usw. Das Ergebnis drei Jahre später war wirklich beeindruckend. Bei den Kindern trat es sogar viel früher auf. Das Kleine, das nun fast vier war, war kaum krank und wenn es krank war, dauerte bei ihm nur Tage, was bei seinen Geschwistern Wochen dauern konnte. Es jammert nie über Krankheiten. Die anderen Kinder, die mittlerweile acht und zehn sind, bekamen die positive Veränderung nach und nach zu spüren.

Heute ist der Erfolg unverkennbar da. Bei vielen Krankheiten, bei denen sie früher Tabletten genommen hätten, oder zum Arzt gegangen wären, müssen sie heute gar nichts mehr machen. Des Körpers eigene Kraft bekämpft die Krankheit und dadurch erlangten die Kinder auch Selbstvertrauen, und hatten keine Angst mehr vor Krankheiten. Sie sind heute selten krank, sie ziehen einfach keine Krankheiten mehr auf sich.

„Wenn ich spiele, geht die Krankheit weg. Krankheit mag nicht spielen."

Mutter B hatte noch kein Kind und erwartete erst in zwei Wochen ihr erstes Baby. Sie war sehr interessiert und selbst kaum krank. Sie hatte selbst eine gute Einstellung zu Krankheiten, sie war nicht so, dass sie sich ständig vor Krankheiten, Infektionen oder irgendwelchen Insekten schützen musste. Ihre Eltern waren auch so mit ihr umgegangen. Wenn andere Kinder dies oder das nicht machen durften, aus Angst, dass sie sich verletzen oder Infektion bekommen könnten, wenn sie nicht auf Bäume klettern durften, aus Angst gestochen zu werden oder hinunterzufallen, durfte sie all dies tun. Wenn sie als Kind krank war, nahmen die Eltern es ganz locker und Tabletten oder Arztbesuch gab es erst, wenn es wirklich sichtlich schlimm war. Ihr Vater war selbst Arzt und war streng dagegen, Kinder ständig mit Arzneien zu vergiften, wie sie sich erinnerte. Ihr Vater meinte, Arzneien helfen, aber können auch schaden. Man sollte versuchen so wenig wie möglich dieses hoch dosierten Gifts zu sich zu nehmen. So hatte sie niemals Angst vor Krankheiten, Schmerzen oder ähnlichem gehabt. Sie gab ihrem Körper immer die notwendige Zeit, sich zu regenerieren, anstatt alles zu schnell mit Tabletten zu überbrücken. Das Experiment gefiel ihr sehr und sie wollte das Coaching mitmachen, weil sie im Laufe der Schwangerschaft, wegen der Ärzte und den anderen Frauen, langsam Angst entwickelte, dass sie sehr unvorsichtig mit Krankheitsgefahren umgehen würde und doch mehr achten sollte. Sie hatte gemerkt, wie sie anfing sich vorzustellen, was alles Schlimmes passieren könnte, wenn… Als sie in einer Diskussion mit ihrer Freundin von meinem Experiment hörte, war sie sofort angetan. Das Kind ist nun drei Jahre und sechs Monate alt, und mit meiner Unterstützung hat sie es geschafft, die Angst, die von außen Einfluss auf sie zu nehmen versuchte, abzuwehren und weiter positiv und ohne Furcht und Angst vor Krankheiten ihre Tochter zu erziehen. Wie ein Wunder ist dieses Kind wirklich gesundheitlich sehr stabil. Normale Kinderkrankheiten und Beschwerden hat sie auch, aber sie – das Mädchen – geht wie die Mutter ganz frei damit um. Ich war einmal bei ihr, als sie eine Erkältung und ein bisschen Fieber hatte. Das Kleine spiele einfach weiter und als ich ihr sagte, „es wäre besser, wenn du dich hinlegst" antworte sie mir, und ich war selbst überrascht: **„wenn ich spiele, geht die Krankheit weg. Krankheit mag nicht spielen." Wow! So etwas aus einem Mund von** einem kleinen Kind von drei Jahren! Und es war so, wie ihre Mutter sagte, oft war das Fieber über Nacht weg und am nächsten Tag war sie schon wieder fit. Dieses Kind hatte eine positive Einstellung zur Krankheit bekommen und, da der gesunde Geist und die gesunde Seele nicht nur eine Mauer gegen Krankheit sein können, sondern auch zu den besten Arzneien zählen, war sie selten krank, oder die Krankheiten waren schnell wieder weg.

Mutter C hatte schon ein Kind von neun Jahren und erwartete in wenigen Wochen das zweite als wir uns kennenlernten. Sie ist selbst Ärztin und war von Anfang an meinem Experiment gegenüber sehr skeptisch, aber sie war neugierig zu wissen, wie es bei anderen Frauen gelaufen war. Sie war der Meinung, dass nur ein Arzt am besten wissen könne, warum ein Kind leidet und es deswegen fahrlässig wäre, das Kind nicht sofort zum Arzt zu bringen, wenn es krank ist oder Beschwerden hat. Ihr ganzer Glaube war nur bei der Medizin und bei Medikamenten. Das hält sie bis heute mit ihren Kindern so und ihre Kinder sind leider nicht gesünder geworden, wie die anderen Kinder – im Gegenteil. Ihre Tochter ist mittlerweile einem Erkältungsmittel gegenüber sogar resistent geworden und kann, wenn sie eine Erkältung hat, mit Kinderarzneien nur schwer behandelt werden. Sie selbst ist eine, die ständig krank ist, häufig krankgeschrieben ist und ohne Medikamente gar nicht aufstehen kann. Trotzdem sieht sie aus Prinzip bis heute nicht ein, dass viele Krankheiten behandelt werden können, wenn man dem Körper genug Zeit lässt und ihm vertraut, dass er es schaffen kann. Aber als ich ihr nun einen Teil meines Buches zum Lesen schickte, wollte sie doch gern mehr wissen, leider nicht wegen der Kinder, sondern wegen sich selbst.

Mutter D lernte ich im Internet kennen lernen. In einem Forum suchte sie Hilfe, weil sie den Eindruck hatte, dass ihre Kinder sehr viel krank seien und immer häufiger Krankheiten vorschoben, um sie zu erpressen, oder um etwas zu bekommen, seien es Geschenke, Aufmerksamkeit, oder nicht spazierengehen oder Sport machen zu müssen, lieber Computer im Bett zu spielen, nicht zur Schule zu gehen, wenn in der Schule eine Arbeit geschrieben wurde, usw. Sie hatte zwei Kinder von fünf und acht. Und beide Kinder verhielten sich gleich, wenn es um Krankheiten ging. Da sie irgendwann nicht mehr konnte, einigte sie sich mit dem Vater der Kinder, den ich auch kennenlernte, dass der achtjährige Sohn zu ihm zieht, und die fünfjährige Tochter bei der Mutter bleibt. Dem Vater gefiel dann sehr, was ich ihm vorschlug, um seinen Sohn aus dieser Krankheitsmentalität herauszubekommen. Mit der Zeit erfuhr ich, dass die Mutter wiederholt mit Krankheiten, manchmal sogar schlimmen, versucht hatte, ihren Mann aufzuhalten, bevor sie sich getrennt hatten. Sie benutzte die Krankheit als Druckmittel, als Mitleidsmittel, um ihren Mann zu behalten und irgendwie machte er das sechs Jahre mit. In dieser Zeit kamen auch die beiden Kinder. Trotzdem ging die Beziehung schließlich zu Ende.

Der Vater was also willig, sich auf das Experiment einzulassen und ging mit seinem Sohn anders um. Nach langwieriger Arbeit zeigte sich auch eine positive Veränderung. Die Mutter schaffte es leider nicht, ihrer Tochter diese Einstellung „Krankwerden ist gut, damit man bekommt, was man will" abzugewöhnen und leider, leider ist es nun drei Jahren später so, dass ihre Tochter stationär behandelt werden muss.

Diese Geschichten zeigen, wie die Einstellung zu Krankheiten dazu führen kann, dass es den Kindern gut oder schlecht geht. Was die Eltern den Kinder vorleben, wenn sie krank sind, beeinflusst langfristig die Gesundheit der Kinder.

Falsche Ernährung, die zu Übergewicht Führt

Wir Eltern wollen für unsere Kinder immer nur das Beste. Zumindest die meisten Eltern. Ein gutes Leben für die Kinder schaffen wir aber nicht nur durch eine gute Erziehung, dadurch die Kinder immer sauber zu halten, sie in der Schule zu fördern, mit ihnen zusammen spielen und viel Zeit mit ihnen verbringen. Alles das nutzt wenig, wenn das Kind nicht gesund ist. Die Basis für eine starke Gesundheit ist die Ernährung, dafür zu sorgen, dass die Kinder gute und die richtigen Nährstoffe bekommen, denn eine schlechte Ernährung beeinträchtig am Ende nicht nur körperlich, sondern auch geistig.

Übergewichtige Kinder sind oft Außenseiter.

Übergewichtige Kinder werden oft von ihren Mitmenschen belächelt und ausgegrenzt und werden Außenseiter. Das führt wiederum zu einem geringen Selbstwertgefühl, zu Minderwertigkeitskomplexen. Sie sind leichte Mobbingopfer. Sie haben wenig Freunde, gehen selten aus. Sie sind häufig unglücklich, depressiv und neigen deswegen dazu noch mehr zu essen, um die Frustration zu kompensieren.

Das Körpergewicht bei Kindern kann sowohl durch die Umwelt und äußerliche Einflüsse, als auch durch genetische Faktoren beeinflusst werden. Das bedeutet, dass Kinder durch falsche Ernährung, also ungesundes Essen (zu viel Fettes, zu viel Süßes, Fertiggerichte, zu viel Weißmehl-

Produkte, Chips, Cola, Pizza, usw.) und schlechten Lebensstil (mangelnde körperliche Bewegung, Essen vorm Fernseher, immer herumsitzen um am Computer zu spielen oder im Internet zu surfen, usw.) übergewichtig werden. Durch fehlende sportliche Aktivitäten wird die nicht verbrauchte Energie in Form von Fett gespeichert. Die Kinder nehmen zu.

Von den Eltern übernommene schlechte Ernährungsgewohnheiten

Erlernte Fehlernährung in der Kindheit ist ein Grund warum viele Kinder fetter werden. Viele Eltern lassen die Kinder rum um die Uhr essen, die Kinder wachsen so ohne Essdisziplin auf und essen somit mehr, als der Körper verbrauchen kann. Genauso ist es, wenn Eltern ihre Kinder mit Essen und am besten noch mit Süßigkeiten belohnen oder damit sie zur Ruhe bringen. Solche Fehlernährungsverhalten haben Eltern oft von ihren eigenen Eltern gelernt und geben diese weiter an ihre eigenen Kinder.

Kinder, die als Säuglinge nicht gestillt wurde, neigen öfter zu Übergewicht als gestillte Kinder. Alle Studien belegen die „heilende" Wirkung des Stillens auf Kinder. Besonders Kinder, die länger gestillt wurden, bis zum Alter von zwei Jahren, leiden kaum unter Übergewicht, wenn sie sich gesund ernähren – egal welche Mengen sie sich zuführen. Sie bekommen sogar einen Sixpack-Bauch ohne etwas dafür zu tun. Die Ernährungs- und Bewegungssituation schon in der Schwangerschaft und später in den beiden ersten Lebensjahren der Kinder beeinflusst nachhaltig die spätere Gesundheit der Kinder. Das Baby im Bauch kann man gesund oder ungesund programmieren. So ähnlich ist es auch mit der Bewegungssituation. Man nennt es die metabolische Programmierung.

Die Fettzellen bilden sich schon in der Schwangerschaft und bis ins Jungalter und verschwinden NIE MEHR WIEDER. Zwar können sie geleert werden aber sie werden das ganze Leben lang bleiben.

Wikipedia schreibt: „Energie aus Lebensmitteln wird in Form von Glykogen und Fett in der Leber, in den Muskeln und im Fettgewebe gespeichert und bei Bedarf wieder abgerufen. Die Fettgewebezellen (Adipozyten) vermehren sich bis ins Jugendalter bei der Gewichtszunahme, sie füllen sich nicht nur mit Fett. Einmal gebildete Fettgewebezellen werden beim Abnehmen jedoch nur geleert, ihre Zahl bleibt erhalten. Dies erschwert einen nachhaltigen Gewichtsverlust für Personen, die bereits als Kinder und Jugendliche stark übergewichtig waren." Wenn eine Mutter in der Schwangerschaft und in den ersten Monaten nach der Geburt zu viel raucht, zu viel Zucker (Süßigkeiten, gesüßte Getränke, wie Cola) und Fett zu sich nimmt, überversorgt sie damit das Kind und das kann zu einer starken Gewichtszunahme im Mutterleib sowie im ersten Lebensjahr führen – mit allen Folgen, die wir kennen, wie bei Erwachsenen. So ein Kind wird dazu tendieren, auch süß und fett zu essen und sein Körper ist schon mit Fettzellen programmiert, was langfristig das Risiko für das Auftreten von Übergewicht erhöht – mit allen seinen Folgen wie bei Erwachsenen: Herzkrankheiten, Diabetes, usw. Die Fettleibigkeit bei Kindern verursacht noch viele weitere Krankheiten wie Knochenbrüche, Gelenkverschleiß, Fettstoffwechselstörungen, Herz-Kreislauf-Erkrankungen,

Bluthochdruck, Gallensteine, frühzeitige Pubertät bei Mädchen, Fettleber, X-Beine und viel mehr.

Eine amerikanische Studie belegt, dass übergewichtige Kinder genauso unglücklich sind wie krebskranke Kinder während einer Chemotherapie.

Antiautoritärer und autoritärer Stil, unverhältnismäßige Bestrafung, weitere Energieraubquellen

Inwiefern schaden wir mit unserer strickten antiautoritären oder autoritären Erziehung unseren Kindern?

Du musst autoritär sein, um antiautoritär zu werden.

Mein verstorbener Vater sagte mir „Wie kann ein Vater seine Kinder lieben und autoritär sein? Wie kann ein Vater seine Kinder lieben und antiautoritär sein? Man sollte nicht mit den Kindern experimentieren, man sollte die Kinder einfach erziehen."

In dem Wort ERZIEHEN allein steckt alles, was wir Eltern tun sollten, nämlich einfach die Kinder erziehen. Das bedeutet, den Geist und den Charakter der Kindern bilden und fördern, damit sie sich gut entwickeln und sich sozial integrieren, um glücklich leben zu können.

Ich glaube, dass das Problem in der Begrifflichkeit liegt. Die Worte autoritär und antiautoritär selbst klingen für mich zu dogmatisch.

Tatsache ist, mit beiden Erziehungsstilen können wir bei unseren Kindern viel falsch machen.

Klar ist, eine Erziehung, bei der Kinder keine Regeln, keine Grenzen, keine Distanz, keine „Angst" kennen, führt zur Erziehung von kleinen Monstern.

Oft sind solche Kinder respektlos, gewalttätig, verletzend und schlagen schnell und öfter zu, sie sind schnell überfordert, haben oft psychosomatische Beschwerden, wie Migräne, Kopfschmerzen, Bauchschmerzen, Muskel- und Nervenverspannungen, Müdigkeit, Antrieblosigkeit , Minderwertigkeitskomplexe.

Zu glauben, dass man den **Kindern Respekt mit Streicheleinheiten** beibringen kann, ist ein Traum. Nirgendwo in der Natur – und wir sind auch Natur – finden solche Erziehungsformen statt. Antiautoritäre Erziehung ist eine Erfindung der modernen neuen Mittelschichtsmentalität, die nach über 30 Jahren nun ihre Grenzen gezeigt bekommt. Studien belegen, dass Menschen, die nach 1970 geboren sind, psychisch instabiler sind und immer weniger schaffen.

Es wurde festgestellt, dass es, seitdem diese Form der Erziehung in der Gesellschaft stark beworben wird, mehr sogenannte „unerzogene Kinder" gibt, und dass immer mehr Kinder unglücklicher werden, als in den Generationen davor, wo harte Autorität noch gang und gäbe war. Das sind zwar nur Indizien, aber sie sind deutlich genug. Es wird einfach eine zunehmende Frustration, Unzufriedenheit und Aggressivität der Kinder registriert.

Die Kinder, die seit den 70er Jahren geboren wurden, sind auffälliger als die Kinder davor, hatte ich schon einmal gelesen. Meine Beobachtungen bei meinen Klienten und meinen Fragenkatalogen zeigen auch diese Tendenz. Diese

Kinder sind körperlich und vor allem seelisch und mental instabiler, sie neigen mehr zu Drogen-, Schlafmittel-, oder Tablettenmissbrauch, viele dieser Kinder , die heute erwachsen sind, haben bereits eine Psychotherapie hinter sich, viele akzeptieren sich nicht, kennen weniger Moral, da es bei der antiautoritären Erziehung vielen Eltern darum ging, das Gegenteil zu tun, das heißt gegen die Moral, gegen Gott, gegen den Glauben zu handeln.

Diese Kinder sind schnell belastet. Ich nenne diese Kinder „Hormonkinder", d.h. Kinder, die wenig können und wenig aushalten, ähnlich wie die Tiere, die in der konventionellen Landwirtschaft mit Hormonen vollgepumpt werden und dadurch schwach werden und keine eigenen Widerstandskräfte entwickeln können.

Man hat ihnen gesagt, du kannst alles schaffen, du bist der Meister deines Lebens, aber die Realität zeigt ihnen, dass es leider nicht so ist und sie stürzen deswegen schnell in Frustrationen und Depressionen, wenn sie merken, dass sie doch alles nicht können und nicht alles dürfen.

Eine gesunde Kindererziehung, die die Kinder zu Freiheit und Selbstbestimmheit erzieht, hat nichts mit antiautoritärer Erziehung zu tun!

Eine strikt antiautoritäre Erziehung stellt sich im Grunde gegen die Natur und gegen die Realität der Gesellschaft.

Die Natur hat ihre Gesetze, wie die Gesellschaft auch. Diese sind wichtig, damit wir miteinander gut auskommen können und die Welt noch Millionen von Jahren erhalten bleibt.

In der Natur und in der Gesellschaft ist es nicht möglich, alles das zu tun, worauf man Lust hat, ohne auf etwas aufzupassen. Nur mit Rücksicht und Respekt ist eine demokratische Gesellschaft mit Freiheit möglich.

Wenn wir einfach glauben, dass wir alles dürfen und zum Beispiel alles um uns zerstören, die Natur zerstören, dann zerstören wir unsere Existenz selbst.

Deswegen haben wir Menschen bestimmte gesellschaftliche Normen entwickelt, damit die Freiheit des Einen nicht die des Anderen plattmacht. Wir haben zum Beispiel die Polizei und Gerichte, die beide Autoritätsinstanzen sind, die uns auch durch „Androhung" von Konsequenzen dazu bringen, uns zu „benehmen" und keinen Blödsinn zu machen.

Solche Instanzen mit ganz konkreten Benimm-Regeln finden wir fast überall um uns, sei es in der Schule mit Lehrern, in Sportvereinen mit Trainern, in Firmen mit Chefs und Arbeitgebern, in Restaurants, in Flugzeugen, usw.

Dies die Realität und nicht meine Erfindung oder Einbildung.

Fallschirmkinder

Wenn wir dann unsere Kinder in unseren eigenen vier Wänden strikt antiautoritär erziehen, müssen wir uns die Frage stellen, wo werden sie so eine Gesellschaft finden, in der sie so leben können? Um wirklich einig mit sich selbst zu sein, müssten wir in diesem Fall auch unsere Welt und unsere Mitmenschen ändern oder sie neu erschaffen.

Ich nenne sie Fallschirmkinder. Die Kinder werden einfach frei in die Welt hinaus geworfen und wir vergessen, dass sie wieder auf dem Boden ankommen werden. Der Boden ist aber fester als die bodenlose Luft.

Die Kinder wachsen in einer utopischen „Realität" auf und wenn sie ihre Füße vor der Tür stellen, werden sie von der Wirklichkeit der autoritären Weltordnung empfangen.

Sie finden da draußen, nicht die propagierte, antiautoritäre freie Welt. Was entsteht in den Kindern? Wut, Aggression, Gewalt, Komplexe, Verwirrung, Ängste, Sorge, Unsicherheit, Unverständnis. Sie spüren die Ablehnung und sind verwirrt. Wir können uns dann vorstellen welche Folge das für die Seele der Kinder hat. So haben wir Eltern unseren Kindern die Energie geraubt, um unsere Fantasie auszuleben: Die Kinder werden dadurch schwächer, aber wir nicht, im Gegenteil, wir nutzen diese Schwäche noch, um uns als bessere Menschen zu zeigen. Wir erzählen überall, wie die Kinder von heute nichts mehr zustande bringen und das gibt uns eine moralische Stärke. Wir fühlen uns gegenüber diesen Versagern als etwas Besonderes. Wir sind stolz, wenn unsere Kinder uns brauchen, wenn sie etwas nicht mehr schaffen können. Sie verlieren die Lebensenergie, die wir absorbieren. Das ist **ENERGIEVAMPIRISMUS** und es ist egal, ob wir das absichtlich machen oder nicht, gewollt haben oder nicht.

Wie ich oben geschrieben habe, die Begrifflichkeiten machen uns zu schaffen und führen zu diesem Krieg zwischen den Befürwortern und Gegnern der einen oder anderen Form von Erziehung und führen uns in die Irre.

„Autoritär" ist aus dem französischen Wort „autoritaire" entlehnt. Das Wort hat mehrere Bedeutungen.

Leider ist die negative Bedeutung - diktatorisch, undemokratisch, freiheitsraubend, sklavischen Gehorsam fordernd, Hierarchie ohne Widerspruch – die einzige, die wir mitbekommen haben. Deswegen wollten wir diesen Zustand mit dem Gegenteil bekämpfen und dazu passte das griechische Wort „anti" sehr gut. Aber dadurch hat man nur die ebenso radikale Form des Gegen(Anti)-Autoritären geschaffen und umgesetzt. Meiner Meinung nach machten wir damit einen Fehler. Wir vermischten dabei die Wörter „Autorität" und „autoritär".

Die Kinder brauche eine Autorität, die Erziehung muss dabei aber nicht totalitär sein. Die Hierarchie ist zwangsweise Bestandteil der Erziehung. Sie muss nur nicht ohne Widerspruch sein.

Eine Erziehung ohne die Ausübung dieser Machtfunktion, dieser Autorität, würden heißen, dass ein Kind entscheiden könnte, aus dem Fenster zu springen, und wir würden sagen, ja mach es einfach, tue das was du willst. Nach der Logik der antiautoritären Erziehung müsste man mit dem Fünfjährigen auf gleicher Augenhöhe reden und mit Diplomatie versuchen zu erreichen, dass er nicht springt. Wäre er nicht zu überzeugen, würde wir ihn springen lassen, weil das Kind selbst entscheiden darf und muss. Nein, ich kennen keine Eltern die nicht bestimmen und ohne weitere Diskussion ihr Kind vor dem Absprung retten würden, ob es das nun will oder nicht. Das bedeutet, sie würden gegen den Willen des Kindes handeln. Weil wir diese Schutzfunktion ausüben und die Verantwortung für das Wohlergehen unserer Kinder haben, steht uns in bestimmten Fällen diese Macht ohne Widerspruch zu. Wir werden da **autoritär**.

Würde das Prinzip der Antiautorität wirklich konsequent angewendet werden, gäbe es kaum Erziehungsarbeit mehr und es wäre nicht mehr möglich, den Kindern Regeln, Gesetze, Werte usw. beizubringen. Elemente, die wichtig sind, damit ihr Geist sich entwickelt und ihre Eingliederung in die Gesellschaft möglich ist. Dies geht nur, wenn Kinder lernen mit Verboten, Grenzen, Distanz, umzugehen.

Viele Menschen, die ich betreut habe, die in einer so genannten antiautoritären Familie gelebt haben, bedauern, dass sie viele Chancen verpasst haben. Ich kenne viele, die sagen *„Doch heute glaube ich, es hätte mich gefreut, wenn meine Mutter oder mein Vater mich mit ein bisschen Nachdruck dazu gebracht hätten, mehr Gitarre zu üben, mehr Mathe zu machen."* Ein Mann sagte *„Ich hatte echt Talent beim Tanzen, aber war faul und meine Eltern haben es so hingenommen ohne wenigstens zu versuchen mich zu überzeugen. Heute bin ich sauer."*

Eine Frau kam mit ihrer Mutter für eine Beratung zu mir. Sie sagte *„Ich musste schon sehr früh allein entschieden und tun, was ich wollte, wann ich wollte. Aber ich war öfter damit überfordert, immer entscheiden zu müssen. Es fehlte mir die Grundlagen: die Erfahrung und das Wissen. Heute sage ich, dass ich mir gewünscht hätte, dass meine Eltern mehr Autorität und Aufmerksamkeit gezeigt hätte."* Ich kenne viele, die genau wegen diesen verpassten Chancen und der Überforderung, entschieden haben, ihre eigenen Kinder mehr zu fordern und nicht bei erstem Nein alles zu akzeptieren.

Erstaunlicherweise brauchen heute fast alle Menschen, die ich kenne, die in einer strikt antiautoritären, laschen Familie gelebt haben, fremde Hilfe. Viele waren oder sind schon mehrere Jahre in Therapie. Viele von ihnen beschäftigen sich intensiv mit Esoterik und allen Lehren, die mit der Seele und dem Unfassbaren zu tun haben. Es fehlt ihnen der Glaube und sie suchen etwas, das ihnen Halt geben kann, genau das, was ihre Erziehung ihnen weggenommen hat.

Eine erwachsene Frau, 32, sagte mir

*„Ich bin leider total lasch erzogen worden. Habe schon sehr früh, ich war vielleicht 11, das volle Vertrauen meiner Eltern gehabt und durfte tun, was ich wollte, wie ich es wollte, ganz selbstständig. Ich hatte mit meinen Eltern, sagen wir eher mit meiner Mutter, mehr ein freundschaftliches Verhältnis als ein Verhältnis der Hierarchie. Mein Vater brachte das Geld nach Hause, sonst hatte er kaum einen Einfluss auf mich, so dass wir auch nicht so ein Vater-Tochter Verhältnis hatten. Ich durfte meine Entscheidungen alleine treffen und alles ausprobieren, wie ich wollte, ohne Verbote. Wenn ich in der Schule das Fach A nicht machen wollte, habe ich es auch nicht gemacht. Und meine Eltern haben es akzeptiert. Mit 13, 14 durfte ich rauchen, ausgehen bis frühmorgens, im Elternhaus mit Männern schlafen, usw., und meine Mutter sagte nichts dazu – nach dem Motto, ich vertraue dir, du wirst schon wissen, was du tust. Und nun mit 32 stehe ich da und habe den Eindruck, dass alles verkehrt gelaufen ist, so sehr hänge ich emotional und finanziell von meinen Eltern ab. Die lasche Haltung meiner Eltern und die zu frühe Selbstverantwortung haben dazu geführt, dass ich in der Kindheit unabhängig von meinen Eltern war und nun als Erwachsene das Gefühl habe, ohne sie nichts zu können. Ja, ich werde beneidet um mein tolles Verhältnis zu meiner Mutter, aber den Umgang mit mir selbst bedauere ich sehr. Das macht mich traurig. **Eine gelungene Erziehung ist doch so, dass man vom Kind zum Erwachsen erzogen wird und nicht vom***

Erwachsenen zum Kind, oder? *Was ich toll gefunden habe als Kind, ist im Nachhinein ein Fehler gewesen. Es half und hilft nur meinen Eltern, die nun in ihrem Alter wieder ein Kind bekommen haben, mit dem sie sich beschäftigen können und an ihm zeigen können, wie toll, fürsorglich und was für gute Menschen sie sind. Die lasche Erziehung, ohne Verbote und mit voller Selbständigkeit als Kind machte mich mehr kaputt, als dass sie mir half. Ich werfe meinen Eltern nichts vor, aber ich hätte es mir doch anders gewünscht. Ich habe schon zahlreiche Therapien hinter mir, um meine Minderwertigkeitskomplexe, meine Ängste, meine Unsicherheiten, mein geringes Selbstvertrauen und meine mangelnde Selbstliebe zu besiegen. Alles ohne Erfolg. Erst als du mir sagtest, dass ich es ohne meine Eltern, bzw. ohne eine vollgezogene Abnabelung nicht schaffen werde, ist mir alles klar geworden, wie unfrei ich wirklich bin. Aber ich habe Angst, meine Eltern zu verlieren, wenn ich ihnen etwas vorwerfe. Nur daran zu denken, ohne meine Mutter zu sein. Ohne meine Mutter in meiner Nähe, kriege ich eine Krise. So abhängig bin ich geworden. Dazu stelle ich fest, dass ich ein schlechtes Gewissen bekomme, wenn ich in meine Kindheit schauen möchte. Sie waren immer so gut zu mir, wollten immer nur das Beste für mich, haben es immer gut gemeint. Sie sind so tolle Eltern und es tut doch so weh zu wissen, dass diese tollen Eltern mein Problem sind"*

In diesem Fall sehen wir wieder den Austausch von Energie: die Tochter, die immer schwächer wird und ihre Eltern braucht und die Eltern, die immer stärker werden und ihre Tochter dazu brauchen. Die Eltern rauben hier unbewusst die Energie der Tochter. Sie sind verantwortlich, dass die Tochter immer unfähiger wird. Die Tochter kann es schwer ändern, weil sie abhängig ist und wegen der zu häufig erhaltenen Unterstützung von den Eltern auch ein schlechtes Gewissen hat. Die Eltern könnten diesen Kreis durchbrechen, aber sie werden es nicht tun, weil es ihnen guttut, weil sie dadurch gute, fürsorgliche, aufmerksame, hilfsbereite Eltern sind, die ständig von ihrer Tochter Lob, Dank und Anerkennung bekommen. So können sie ihr Versagen vertuschen. Je mehr Lob, Dank und Anerkennung sie von der Tochter bekommen, desto unzufriedener, unglücklicher und weniger selbstbewusst wird die Tochter. Deswegen meinte mein Vater, *„Wenn ich dich so erziehe, wie manche westliche Eltern ihre Kinder erziehen, wirst du niemals von mir loskommen. Ich würde dir gegenüber gerade diese Macht sein, von der du dich in der Kindheit ablösen wolltest. Du würdest verlieren, mein Sohn."*

Die lasche und antiautoritäre Erziehung ist am Ende kein selbstloser Erziehungsstil, wie es auf den ersten Blick aussieht. Es ist egal, ob Eltern dies wissen oder nicht. Wir sehen nur die Konsequenzen und das Ergebnis an den Kindern.

Die antiautoritäre Erziehung kann Kinder überfordern. Sie haben nicht die Zeit zu lernen und werden als Erwachsen instabil, ängstlich, nicht sehr selbstbewusst, zweifeln an sich und haben immer ein bisschen das Kindische in sich und hängen sehr an ihren Eltern.

Viele Muster, wie wir sind, übernehmen automatisch von unseren Eltern.

Sehr strikte **autoritäre Erziehung** kann die Zukunft der Kinder allerdings ebenfalls stark beinträchtigen.

Ich nehme mich selbst als Beispiel. Ich war sportlich sehr begabt und liebte es Fußball zu spielen. Meine prädestinierte Position war im Tor. Ich war mit nur sieben Jahren so gut, dass viele ältere Mannschaften mich aufsuchten, damit ich bei ihren Spielen aushalf.

Das gefiel meiner Mutter, die ziemlich autoritär war, nicht. Sie entschied alleine, ohne meinen Vater miteinzubeziehen, dass ich kein Fußball mehr spielen durfte, bzw. nicht mehr mit den Erwachsenen und so weit weg von zu Hause spielen durfte.

Da ich fast verrückt nach Fußball war, konnte ich mich nicht an ihr Verbot halten. Das nächste Mal, als ich vom Fußball kam, nahm sie den Ball und meine Fußballschuhe und zerschnitt sie mit einem Messer. Ich habe dann tatsächlich nicht mehr aktiv Fußball gespielt, aber ich brauchte Jahre, um die Schmerzen zu beseitigen. Auch 40 Jahre später denke ich noch immer daran, und erst vor drei Jahren haben wir wieder drüber gesprochen. Meine Mutter hat sich dafür entschuldigt und mir erzählt, sie hatte mir nur Gutes tun wollen, weil sie verhindern wollte, dass ich, Sohn einer elitären und einflussreichen Familie, mich mit den „unteren Klassen" mische. Ich bin 100% sicher, dass sie meinem Erfolg durch diese harte Autorität geschadet hat.

An diesem Beispiel aus meiner eigenen Geschichte sieht man, wie die autoritäre Erziehung und die ungefilterte Macht der Eltern Schaden anrichten können.

Allgemein würde ich sagen, dass Kinder lernen müssen, mit Verboten umzugehen und Kritik zu verarbeiten, ohne dass dies zu einem Problem wird. Ohne dass sie in Depression verfallen.

Lob, Belohnung und Sanktionen gehören zusammen, wenn wir ausgeglichene Kinder erziehen wollen Du musst autoritär sein, um antiautoritär zu werden.

Die meisten Eltern, die eine reine antiautoritäre und „laissez-faire" Erziehung praktiziert haben, bedauern es später oft. Sie sehen, wie ihre Kinder sich ihnen gegenüber unverschämt verhalten, manche werden sogar handgreiflich, beschimpfen sie, usw. Sie bedauern es, wenn sie sehen, wie die Kinder Schwierigkeit haben, sich in die Gesellschaft zu integrieren und dadurch Ablehnung erfahren und unglücklich werden.

Erziehung zur Unselbstständigkeit und Abhängigkeit der Kinder von den Eltern: Wie wir uns über die Schwäche unserer Kinder stark und wertvoll machen – ein Paradebeispiel von Energievampirismus

Kinder zu Abhängigkeit und Bedürftigkeit zu erziehen, ist ein Paradebeispiel, wie wir später über die Schwäche dieser Kinder unseren Lebenssinn und -inhalt finden. Wir saugen die Energie unserer Kinder aus, sie werden schwächer, unfähiger und wir gleichzeitig stärker, nützlicher und stellen uns als die guten Menschen dar, die sehr gern ihren Schützlingen helfen.

Die beste Art, jemanden abhängig zu machen ist es, ihm ständig zu helfen und Hilfe anzubieten, ohne von der Person etwas zurückzufordern. Auf den ersten Blick klingt es selbstlos, aber am Ende ist es ein Stil, der den Helfenden stärkt und den Hilfesuchenden schwächt. Derjenige der Hilfe annimmt fühlt sich ständig in der Schuld. Der Hilfesuchende verliert immer an Energie und der Helfende saugt diese Energie auf.

Eine Beobachtung brachte mich dazu, dieses Verhältnis tiefer zu untersuchen, um herauszufinden, wie solches Verhalten von Eltern ihren Kindern gegenüber die Kinder kaputtmacht.

Erwachsen zu werden bedeutet für die Kinder, step-by-step die volle Verantwortung über sich selbst zu übernehmen, für sich selbst zu sorgen damit unabhängig zu werden. Diese Entwicklung ist manchmal mit schmerzhaften Erfahrungen und Verlusten verbunden, seien sie körperlich oder emotional. Sie nabeln sich von uns Eltern ab. Dieser Prozess ist aber sehr wichtig für das Selbstvertrauen unserer Kinder und muss von uns unterstützt werden.

Manchen Eltern unterstützen diesen Prozess leider nicht, indem sie die Kinder entweder zu viel behüten, oder sie sehr vernachlässigen.

Ähnliche Symptome, wie bei überbehüten oder vernachlässigten Kindern sind bei Kindern zu sehen, die zu früh auf sich selbst gestellt wurden, wenn die Kinder zu früh alleine die Verantwortung eines Erwachsenen übernehmen sollen, zu früh Gefahren alleine erkennen und abwenden müssen, zu früh schwere Entscheidungen treffen sollen, was sie aber überfordert.

Was am Anfang für alle Kinder traumhaft erscheint, Freiheit, Unabhängigkeit, Selbstbestimmung ohne Ende wird am Ende ein Alptraum. Sie fühlen sich unsicher in der Welt und langsam entsteht in ihnen Angst und Misstrauen gegenüber der Welt. Diese früh erworbene Unabhängigkeit wird zu einer Last. Um diese Last nie mehr tragen zu müssen, ziehen sie als Erwachsene alle Register, um den Schutz und die Hilfe ihrer Eltern zu bekommen und diese nie mehr zu verlieren: SIE WERDEN JETZT RICHTIG ABHÄNGIG.

Frühkindliche Erfahrungen entscheiden stark in welche Richtung unsere Seelenströme fließen.

Viele Eltern erziehen ihre Kinder so, dass sie bedürftig und abhängig werden.

Warum ist dieser Stil das Paradebeispiel von Energievampirismus?

Es ist egal, ob wir diesen Stil aus Liebe praktizieren oder nicht. Tatsache ist aber, dass wir damit unseren Kindern sehr schaden und wir sind direkt dafür verantwortlich.

Kinder, die mit diesem Stil aufwachsen fühlen sich schwach und hilflos. Sie denken negativ über sich, haben ein sehr negatives Bild von sich und eignen sich negativen Botschaften, die wir indirekt in sie eingepflanzt haben, an:

... Ich bin nichts wert

... Ich bin hilflos

... Alleine kann ich es nicht

... Alleine schaffe ich es nicht

... Wie soll ich das schaffen

... Es ist mir zu viel, wie schaffe ich das alles

... Ich bin schwach,

... Ich bin dem nicht gewachsen

... Es geht mir schlecht
... usw.

Ihre Mimik, ihre Blicke und ihre Körpersprache passen sich diesen negativen Botschaften an. Ich habe bei Erwachsenen, die wegen dieses Erziehungsstils leiden, gesehen, wie sich gegenüber ihren Eltern ihre Stimme änderte in eine Kinderstimme. Sie müssen keine dieser Botschaften direkt aussprechen, aber sie äußern sich so und blicken so, dass es einem Hilfsappell gleichkommt.

Mit diesen Appellen wollen sie sagen:

… Helft mir doch, ihr müsst mir helfen

… Sei für mich da

… Lasst mich bitte nicht allein

… Ich brauche euch

… Dies oder das ist für mich eine Katastrophe

Und wir Eltern kommen gerannt und bieten uns an und werden viel zu fürsorglich?

… Ha meine Kleine, wir sind doch für dich da

… Lass dir nur helfen

… Sag einfach, was du brauchst, und wir tun es für dich

… Mach dir keine Sorgen, das werden wir schon hinkriegen

… Es ist kein Problem, ich kann meine Termine verschieben, um dir zu helfen, ich sehe, wie schlecht es dir geht

… Nein tu nichts, leg dich ins Bett, wir kommen und räumen die Wohnung für dich auf

… Es geht dir echt schlecht, du bist fertig

… siehst du nicht (zu Freund oder Freundin), dass ihr elend geht?

… Oh, ich wollte auch zufällig einkaufen gehen, ich bringe dir dies oder das mit, damit du dich nicht anstrengst mit deinen Kopfschmerzen, die sicher sehr wehtun

Wir tun es oft aus schlechtem Gewissen und auch aus Angst, dass das Kind sich mit unseren Fehlern auseinandersetzt und uns etwas vorwirft, da wir selbst sehen, dass sie es nicht schaffen, dass wir selbst versagt haben.

Das Umsorgen wird zum Hauptkontaktgrund und sogar wenn die Kinder um keine Hilfe gebeten haben, bieten wir sie an und sind auf sauer, wenn die Kinder die Hilfe ablehnen. Wir brauchen das, um zu sehen, wie toll alles ist, wie wir uns lieben. Wir gehen manchmal weit über unsere Erschöpfungsgrenze, nur damit wir als tolle Helfer, Zuhörer, Ratgeber dastehen.

Alles scheint perfekt für uns und die Kinder zu laufen. Man spricht von großer Harmonie und Liebe in der Familie. Die Familie hält doch zusammen und die Familienfreude ist perfekt.

Was die Kinder oberflächlich gesehen vorübergehend zufriedenstellt, (sie haben, was sie wollten, ihnen wurde geholfen) hilft aber letztendlich nur uns. Wir zeigen uns fürsorglich und gleichzeitig sehen unsere Kinder uns als ihre Erlöser.

Das Problem aber ist, dass wir dadurch die Schwäche der Kinder mit jedem Hilfsangebot und jeder geleisteten Hilfe bestätigen. Jede erfolgreiche Hilfe bedeutet für die Kinder eine Schwächung des Selbstwertgefühls und verhindert so eine normale und gesunde seelische Entwicklung der Kinder. Die Kinder spüren auch, dass so etwas nicht normal ist, sie spüren immer eine latente Wut und haben eine gestörte Bindung mit sich, die sogar dazu führen kann, dass sie sich auf Partnerschaften kaum einlassen. Dazu haben sie ständig Schuldgefühle uns gegenüber.

Wir erscheinen als Helfer und haben ein Gefühl der Stärke und fühlen uns kompetent und nützlich. Das gibt uns ein Gefühl von Überlegenheit und wir ziehen enorme seelische Vorteile aus dieser Art von Kinder-Eltern Aufstellung. Wir bekommen stärkere Muskeln und eine breitere Brust. Für unsere Kinder sind wir unersetzlich.

Eine verhängnisvolle Verbindung, ein Teufelskreislauf entsteht zwischen uns, wir sind die Stärken und unseren Kindern die Schwachen. Jeder Kontakt (da es meistens um Hilfe geht, geben, geben und geben) stärkt solche Konstellationen mehr und mehr. Wir werden immer stärker, wichtiger, nützlicher und bekommen immer wieder Anerkennung (unser Selbstwertgefühl und das Gefühl, dass wir Gutes tun steigen und steigen) und die Kinder werden immer abhängiger und schwächer (ihr Selbstwertgefühl fällt und fällt und fällt).

Diese Art von Beziehung wird somit unsere Energiequelle. Unsere Kinder werden kaputter (geben Energien ab), jede noch so kleine Bemühung wird als zu stressig empfunden. Frustrationstoleranzgrenze gleich null. Im Gegenzug werden wir Eltern größer, glücklicher, zufriedener mit uns selbst (wir saugen die Energie auf): ein der größten Energievampirismus-Fälle in der Familie überhaupt.

Eltern, die von ihren eigenen Eltern zur Abhängigkeit erzogen wurden, tendieren dazu, ihre eigenen Kinder genauso zu erziehen. Sie lassen die Kinder nicht selbständig sein und wollen alles für die Kinder tun. Auch so einfache Sachen, wie umziehen lassen sie ihre erwachsenen Kinder nicht alleine tun. Sie bieten sich ständig an und geben somit dem Kind auch ein Gefühl der Wichtigkeit, die es objektiv gar nicht gibt.

Eltern, die immer für die Kinder da sind, behindern am Ende die Kinder, ihre eigene Kraft zu entfalten. Es nimmt den Kindern die Chance über sich hinauszuwachsen und persönliche Erfolge zu feiern. Es verhindert, dass die Kinder ein stabiles Selbstwertgefühl entwickeln, indem sie die Schwierigkeiten, die sie auf ihrem Weg finden, eigenständig bewältigen. Unser Handeln schwächt unsere Kinder und lässt nicht zu, dass sie ihr Selbstvertrauen stärken. Sie sind ängstlich, unzufrieden mit sich selbst, sind sehr misstrauisch, habe oft Zweifel und glauben nicht an sich. Psychosomatische Krankheiten, Essstörungen, seelische Störungen usw., sind an der Tagesordnung.

Eine Erziehung zur Abhängigkeit, bei der wir nicht zulassen, dass die Kinder auch schmerzhafte Erfahrungen machen, selbst ihre Wege und Lösungen suchen, bei der wir uns schon bei kleinen Schwierigkeiten anbieten, macht die Eltern stolze Helfer, aber die Kinder unglücklich.

Es ist auch eine egoistische und narzisstische Art, später im Leben der Kinder Einfluss zu nehmen und diskrete" liebevolle" Kontrolle auszuüben.

Eine Erziehung zur Abhängigkeit verhindert, dass das Kind sich von uns abnabelt, ein Schritt, der aber so wichtig ist für die Selbständigkeit der Kinder und ohne den keine Entfaltung möglich ist.

Schlechte Abnabelung der Kinder: Zu Frühes oder zu spätes oder gar kein Loslassen der Kinder

Eine befreiende Erziehung, eine Erziehung, die frei und stark macht, muss so sein, dass unsere Kinder als Erwachsene uns Eltern nicht mehr aus der Position eines Kleinkindes *Papa* und *Mama* nennen, denn sie sind nun auch erwachsen. Sie müssen *Papa* und *Mama* im Sinne von Vater und Mutter sagen. Und wir Eltern dürfen sie nur im Sinne von Sohn und Tochter *Kinder* nennen. Die Kinder müssen aus unserer Macht (auch Schutzmacht) entkommen, um vollkommen frei zu sein und ihr Leben wirklich selbständig, ohne unsere Zutun (auch wenn wir es gut meinen, mit unserer sogenannten selbstlosen Hilfe und Unterstützung) zu gestalten .Nur so haben sie die Chance, das zu erreichen, was sie wollen und sogar mehr als, was wir im Leben erreicht haben.

Hast du gemerkt, dass es für die Kinder von Generation zur Generation immer schwerer ist, in fast allen Bereichen erfolgreicher zu sein als ihre Eltern? Das liegt nicht nur an der Unfähigkeit der Kinder, sondern mehr am Erziehungsstil der Eltern, die immer mehr zum Zentrum des Lebens der Kinder werden wollen und diese Macht nicht freiwillig abgeben möchten. Mit dem Erbe machen wir unsere Kinder noch abhängiger von uns. Es spielt keine Rolle, ob es absichtlich oder unbewusst ist. Manchen Eltern drohen den Kindern mit dem Enterben, wenn diese sich nicht so benehmen und das tun, wie sie wollen. Kinder, die vom Erbe der Eltern leben, werden selten auch nur halb so stark sein (Persönlichkeit), wie ihre Eltern.

Eine Klientin schrieb mir nach einem Treffen mit ehemaligen Schülern das folgende:

„Was mir, wie gesagt, gestern extrem aufgefallen ist, ist, dass wir alle abhängig von unseren Eltern sind. Keiner ist frei, fast keiner ist abgenabelt. Viele hängen, ihre Zukunft betreffend, in der Luft, wissen nicht, was sie wollen. Oder sie wissen es jetzt so langsam. Mit Ende 20. Manche haben Angst, keiner will weg, alle wollen in der Nähe der Eltern und der Familie sein und des altbekannten, vertrauten Freundeskreises.

*Ein Freund musste gestern Abend noch mit der Familie auf die Weihnachtsfeier des Sportvereins seines Bruders. Ich dachte, ich bin im falschen Film. **Er musste!** Der Mann ist 30 Jahre alt und der Bruder ist 28. Was haben Eltern noch im Leben der Kinder zu suchen und ihnen zu befehlen mit 30? Na ja, die Söhne leben in einem Haus, das die Eltern gekauft haben und keiner von beiden hat eine Freundin. Sie essen abends immer bei der Mama. Das müssen sie zurückzahlen, indem sie ihre Eltern bespaßen, damit die ihr langweiliges Leben doch noch genießen können. Die Eltern nehmen gern in Kauf, dass die Kinder beziehungsunfähig sind, damit sie weiter das Zentrum bleiben. Schöne selbstlose Erziehung. Energievampire nenne ich sie.“*

Die Abnabelung als die Auflösung einer Abhängigkeitsbeziehung (seelisch, emotional, körperlich, materiell) zu den Eltern ist ein wichtiger Schritt auf dem Weg zur vollkommenen Selbstständigkeit, Selbstbestimmung und Freiheit der Kinder.

Eine schlechte Abnabelung kann dazu führen, dass die Kinder sich nicht gesund entwickeln und unglücklich werden.

Unsere Aufgabe als Eltern ist es, die Kinder so gesund, wie möglich zu erziehen, indem wir ihnen so viel geben, dass sie morgen ohne uns ihre eigene Zukunft selbständig gestalten können und sie die Schwierigkeiten, die dazu gehören, mit so wenig Schaden wie möglich überstehen.

Deswegen ist es extrem wichtig, die Kinder so zu erziehen, dass sie sich vollständig von uns abnabeln.

Die Kinder sind nicht unser privates Eigentum, von dem wir glauben, es für die Ewigkeit behalten zu dürfen und mit ihm zu tun, was wir wollen.

Unsere Kinder sind nicht unsere Partner oder Ersatzpartner oder Freunden. Sie sind nicht unsere Richter, Rechtsanwälte oder Staatsanwälte bei Streitigkeiten unter uns Eltern. Sie sind nicht unsere geheime Munition gegen den anderen Partner. Sie sind nicht unser Leben. Sie sind einfach unsere Kinder und so müssen sie auch behandelt werden, sonst können sie sich nicht gesund ablösen und ihre Wünsche verwirklichen.

Wir müssen lernen, die Kinder ziehen zu lassen.

Es ist nicht gesund die Kinder so zu erziehen, dass sie ohne uns nicht leben können, als ob wir für die unersetzlich wären. Wir sind wichtig, aber nicht unentbehrlich für unsere Kinder.

Kinder, die schlecht oder gar nicht abgenabelt sind, sind oft auch im Erwachsenenalter nicht selbstbewusst, sind voller Angst und Sorge und sind anderen Menschen gegenüber verschlossen. Sie haben Minderwertigkeitskomplexe, sind körperlich und mental nicht belastbar, lassen sie oft beeinflussen und manipulieren.

Man sieht Menschen mit 40, die sich neben ihrer Mama oder ihrem Papa immer noch wie ein kleines Kind in der Pubertät benehmen und viele Eltern unterstützen das auch noch. Das Kind wird immer schwächer und die Eltern immer stärker und wichtiger (Energievampirismus).

Manche Eltern lassen die Kinder aus Einsamkeit nicht los, sie haben Angst alleine zu sein, haben keine Freunde und das Kind ist dann wie der Ersatz für fehlende Bedürfnisse. Das kann bei einigen sogar bis zur sexuellen Belästigung gehen. Ich habe eine Klientin in der Beratung gehabt, die mir erzählte, wie ihre Mama sie immer sehr gerne auch an der Brust streichelte, auch als sie dann schon kein kleines Mädchen mehr war und langsam einen Busen bekam. Sie erzählte, wie ihre Brustwarzen dann immer hart wurden und dass es sich schön anfühlte. Trotzdem war ihr immer komisch danach, aber ihre Mutter, die keinen Freund hatte, seitdem ihr Vater weg war, meinte, dass es normal sei, dass Mutter und Tochter sich in den Arm nehmen und sich streichelten.

Es ist sehr wichtig zu wissen, wann etwas aufhören muss, besonders in Hinblick auf die Sexualität und die Liebesbeziehungen der Kinder.

Das Loslassen muss graduell und behutsam geschehen, mit Lernen und Lehren. Ein zu schnelles Loslassen oder die Kinder zu spät selbständig machen, schaden den Kindern und machen diese unselbständig mit allen seelischen und körperlichen Konsequenzen, die damit verbunden sind.

Wir werden merken, dass viele Kinder, die wenig mit ihrem Leben anfangen können, die bei kleiner Belastung keine Kraft und Energie mehr haben, deren Eltern immer sofort einspringen, wenn sie nur „husten", die oft zu Psychologen gehen und Halt in der Esoterik suchen, die sich selbst nicht lieben, sehr kritisch sind, kein Vertrauen zu anderen haben, zur Perfektion tendieren, einfach zu sehr an uns Eltern hängen. Sie haben sich nicht abgenabelt, besser gesagt, wir haben sie nicht vollständig losgelassen oder nicht zur richtigen Zeit losgelassen. Diese Kinder werden trotzt bzw. wegen unseres ständigen Beistandes und unserer Hilfe immer negative Emotionen mit sich tragen. Sie sind oft eher unglücklich als glücklich.

Wir gebären Kinder, aber wir gebären ihre Herzen nicht. Das bedeutet, dass die Kinder ihre eigene Bestimmung haben und erst, wenn man sie loslässt, finden sie auch den Weg zu ihrem Glück, das unserem nicht ähnlich sein muss.

Als wahre Mutterliebe bezeichnet mein Lieblingsforscher Erich Fromm nicht nur für das Wachstum des Kindes Sorge zu tragen, sondern es schließlich auch loslassen zu können.

Die Erbschaft – ein Instrument der Machterhaltung, der Kontrolle und des Drucks – kann Kindern schaden: Kinder werden nicht dazu geboren, unser Leben nach unserem Tod aufrechtzuerhalten und unsere Last zu tragen

Eine Welt voller Erben ist eine Zukunft ohne starke Menschen.

Ich bin der Meinung, dass dieses Instrument ein gefährlicher Eingriff in die Unabhängigkeit und Selbstbestimmung der Kinder ist.

Gloria Vanderbilt, eine sehr reiche Frau aus Amerika, entschied, ihrem Sohn dem bekannten amerikanischen Fernsehjournalisten Anderson Cooper, keinen Cent von ihrem geschätzten 200 Millionen Dollar Vermögen zu vererben. Dieser meinte dazu: *„Geld erbe – dem traue ich nicht. Ich glaube, das ist ein Fluch"*, und weiter: *„Ich weiß nicht, ob ich so motiviert gewesen wäre, wenn ich schon als Kind erwartet hätte, dass da mal ein Topf voll Gold auf mich wartet."* Ohne die Hilfe seiner Mutter hat er selbst geschafft Millionär zu werden.

Das Vererben ist eine veraltete Gewohnheit, die dazu führt, dass die Kinder ewig von ihren Eltern abhängig bleiben und es sichert die Überlegenheit der Eltern gegenüber den Kindern. Erben führt dazu, dass die Kinder selbst nichts mehr unternehmen und sich nicht anstrengen. Die Aussicht auf das Erbe kann einem den Antrieb und die Kraft nehmen, es im Leben selbst weit zu bringen.

Wenn man das Haus der Eltern erbt und darin wohnt, wie kann man auf sich selbst stolz sein?

Heutzutage sieht man immer seltener Kinder, die mehr können und schaffen als ihre Eltern. Schau dich um, beim

Mittelstand und bei den Wohlhabenden! Der große Teil der Kinder hat weniger als die Eltern. Oft sind es die Eltern, die den Kindern immer mit Hilfe zur Seite springen. Wir sehen Kinder, die mit 40, 50 gar nichts mehr unternehmen, weil sie nur warten, dass ihre Eltern sterben.

Kinder, die darauf vorbereitet werden, nur vom Erbe der Eltern zu leben, oder Kinder, die bereits viel geerbt haben sind selbst oft sehr schwache Persönlichkeiten. Schauen wir zum Beispiel die Nachkommen adeliger Familien an. Man sieht sehr schnell, dass die meisten von ihnen nichts geschafft haben und seelisch am Boden sind.

Wir Eltern unterhalten gern diese „Müßiggangs" Mentalität, da wir darin unseren Nutzen finden.

Eine gelungene Erziehung sollte dazu führen, dass unsere Kinder ihre eigenen Dinge selber beschaffen können.

Wir sind oft die Bremse für ein glückliches Leben unserer Kinder. Unsere Kinder werden nicht geboren, damit sie unsere Last verwalten, indem sie unsere Erben werden.

Wikipedia definiert den Erben so: *„Erbe, auch Nachlassempfänger genannt, ist eine Person, die im Falle des Versterbens einer anderen das Vermögen oder die Rechte und Pflichten des Verstorbenen übernimmt, das heißt die Erbschaft bzw. den Nachlass."*

Somit ist der Erbe so etwas wie der lange Arm der verstorbenen Eltern auf der rationalen, sichtbaren Welt. Das heißt, das Erbe ermöglicht uns, auch nach unserem Tod weiter zu existieren; so wird unser Leben nach unserem Tod weiter aufrechterhalten. Das ist schlecht für die Kinder.

Wenn man tot ist sollte man auch mit dem Leben auf dieser Erde fertig sein. Man sollte verschwinden und alles loslassen. Alles hinter sich lassen und Platz machen, damit etwas Neues entsteht.

Das Erbe kann als Machtoption, Kontroll- und Erpressungsmittel gegen die Kinder verwendet werden und dazu führen, dass die Kinder sich nicht abnabeln und deswegen ihre eigene Kraft und ihre Möglichkeiten nicht erkennen.

Wenn es nicht die Eltern sind, die die Kinder anbetteln das Erbe zu übernehmen, dann ist die Erbschaft eine unbewusste Verlängerung der Machtkontrolle der Eltern über die Kinder, auch über ihren Tod hinaus. Das macht die Kinder nicht frei, nicht selbständig und motiviert viele von ihnen nicht, selbst stark zu werden.

Wenn man nicht weiß, wohin mit seinem Vermögen, dann ist es nützlicher es der Allgemeinheit zu übergeben, oder zum Beispiel die Kinder bereits zu Lebzeiten in sinnvollen und zukunftsfähigen Projekten wie eine Bank zu unterstützen, als Kindern das Gefühl zu vermitteln, sie müssten nur warten, bis man endlich tot ist, um reich zu sein.

Zu Frühe Selbständigkeit der Kinder, unpassender Zeitpunkt für die Übertragung der Verantwortung an die Kinder; beispielsweise kann zu Frühes Sprechen über Sexualität dem Kind schaden

„Alles zu seiner Zeit", lautet ein afrikanisches Sprichwort, das in fast allen Kulturen der Welt bekannt und zu hören ist.

Dieses Sprichwort hat in der Kindererziehung große Bedeutung.

Ein Beispiel aus meiner eigenen Erfahrung: In Afrika hatten wir immer in den westlichen Medien gehört und gelesen, wie es gut wäre, die Kinder mit allen Aspekten des Lebens so früh wie möglich zu konfrontieren. So wird es in Europa gemacht. Die Kinder werden schon sehr früh über Sexualität informiert, den Kindern wird schon sehr früh die Freiheit überlassen, zu entscheiden, was sie wollen, wie sie es wollen und wann sie es wollen. So jung dürfen sie schon rauchen, Alkohol trinken, mit 12 in die Disco gehen, mit 14 auch nach Mitternacht nach Hause kommen, sie dürfen aussuchen, welches Fach sie in die Schule lernen, sie dürfen vor den Eltern knutschen, Erwachsene und Eltern beschimpfen, usw. Es gab deswegen in Kamerun einen Kampf zwischen zwei Erziehungsstilen. Eine Minderheit – ein Teil der Intellektuellen, die wie die Europäer leben wollten, um sich von dem Rest der Kameruner abzuheben – nahm den westlichen Stil an und der Rest der Kameruner, die weiter so leben wollten, wie es immer gewesen war: die Kinder nicht zu früh loslassen und nicht ohne Vorbereitung in die Freiheit schicken. Das Ergebnis war für die Kinder der Europäer-Nachahmer fatal und stärkte dadurch die Einsicht der Mehrheit, dass alles zu seiner Zeit sein muss.

Als ich dann nach Europa kam, erwartete ich, junge Menschen zu sehen, die super selbstbewusst und selbstsicher sind, keine Angst und Zweifel kennen, die genau wissen, was sie wollen, die keine Minderwertigkeitskomplexe haben, die alles besser können (kochen, waschen, bügeln, haushalten, usw.) , die Verantwortung tragen, die immer fröhlich und zufrieden sind, und außerdem super Liebhaber sind.

Meine Überraschung war sehr groß als ich sah, dass ich und andere Afrikaner mehr dieser Attribute hatten, als die meisten jungen Menschen meines Alters (um die 20). Ich hatte erwartet, dass sie, aufgrund der früh und schnell erlangten Autonomie in ihrer Persönlichkeitsentwicklung viel weiter wären. Wir wohnten in Studentenwohnheimen und sahen kaum inländische Kommilitonen unseres Alters, die kochen, waschen, bügeln, putzen konnten. Die Mama musste alles am Wochenende machen und das Essen in Tupperdosen für die ganze Woche kochen. Die Angst, die Unsicherheiten, das Nicht-Ertragen-Können von Druck, das schnelle Überfordertsein, die wir bei ihnen sahen, waren bemerkenswert und entsprachen nicht dem, was wir erwartet hatten. Wozu hatte dann diese frühe Autonomie gedient, außer (wie man bei uns sagte) die Eltern selbst zu entlasten, damit sie weniger Verantwortungen tragen müssen? Es ist schwieriger, sich ständig mit den Kindern zu beschäftigen, als sie schnell der Autonomie zu übergeben. Das ist nur eine reine Entlastungsstrategie der Eltern, denn so können sie mit angeblich gutem Gewissen ihre Verantwortung abgeben, bzw. keine mehr tragen, keine Schuld am Versagen ihres Kindes übernehmen, sondern erklären, dass die Kinder nun selbständig sind.

Besonders mental fanden wir uns viel stärker, stabiler und konnten harte Situation – die noch dazu für uns als Ausländer noch härter und schwerer waren – besser meistern. Also ich fing an zu verstehen, was mein Vater mit folgendem Satz meinte:

„Wenn du die Zeit und das Leben beschleunigst und drängst, werden es diese sein, die dich am Ende beschleunigen und kaputt drängen."

Wenn das Leben die Kinder drängt, sind sie verloren. Sie können psychisch nicht mithalten: sie werden schwach, wie fühlen sich überfordert, haben ständig das Gefühl etwas zu verpassen, Versager zu sein und werden so immer unzufriedener.

Beim genaueren Hinsehen stellte ich fest, dass es bei der westlichen Erziehung mit der frühen Selbstständigkeit mehr darum ging, die Kinder beizubringen „NEIN" zu sagen (das heißt auch NEIN zu sich selbst) und weniger, wie man „JA" sagt (auch zu sich selbst). Ich bemerkte, dass die Erwachsenen und die Kinder sehr gut mit „Nein" umgehen konnten, aber mit „Ja" Schwierigkeiten hatten. Man kann sich vorstellen, wie das auf die Psyche der Menschen wirkt, nein zu sich selbst zu sagen.

Eine nicht altersgerechte Kommunikation und Vermittlung von Bildern stört ein besseres Verständnis der Kinder von sich selbst und ihrer Umwelt.

Ich finde bei manchen Kindern die sexuelle Aufklärung zu früh. Ich habe haben den Eindruck, dass es sie in diesem Alter mehr belastet, als dass es ihnen hilft oder ihnen etwas bringt.

Manchmal habe ich den Eindruck, dass dahinter ein masochistischer Gedanken steckt, schon so früh mit Kindern über Sex zu reden.

Zwar stellen Kinder schon sehr früh Fragen darüber, wie sie auf die Welt gekommen sind. Aber ich habe sehr wenige Kinder gesehen, die sich ebenso früh für Sex und Sexdinge interessiert haben. Auch waren sie oft nach Beantwortung ihrer Fragen mit einfachen Erklärungen zufrieden und sprachen nicht weitere darüber.

Wenn die frühe sexuelle Aufklärung wirklich so viel bringen würde, dass es unbedingt so wichtig wäre, bereits im frühen Grundschulalter (bei manchen sogar noch früher) den Kindern alles beizubringen, müssten wir dies bei den Erwachsenen erkennen können. Wir dürfen nicht vergessen, dass die vielen Informationen über Sex und die Übersexualisierung der Gesellschaft nicht die Entwicklung einer gesunden Sexualität fördern. Warum sind, nach meiner Erfahrung, die Menschen in einem Land wie Kamerun viel entspannter und offener mit ihrer Sexualität als die Deutschen, obwohl sie diese frühe sexuelle Aufklärung nicht hatten? Wie können wir selbst Angst vor dem Wort Sex haben und dieses den Kindern zu früh erklären?

Ich möchte damit sagen, dass zu viele Informationen zur falschen Zeit problematisch sein können. Weitere Beispiele finden wir bei Computer- und Videospielen, bei Filmen, usw., wo das Mindestalter immer weiter nach unten geschraubt wird, damit die Kinder noch schneller konsumieren. Wir sehen aber, wie die Kinder daran kaputt gehen.

Auch nicht altersgerechte Geschenke oder Freizeitveranstaltungen können Kindern schwer schaden.

Wir sehen von Generation zur Generation Kinder, die immer weniger mit sich selbst anfangen können, immer schwächer werden, die überfordert sind und am Ende nicht klarkommen in dieser Welt, die sie einengt, obwohl sie ihnen Freiheit geben sollte.

Freiheit ist nicht gleich Libertinage. Zu viel Freiheit zu falscher Zeit und ohne Vorbereitung schadet der Freiheit und dem Freiheitsnehmer und am Ende auch dem Freiheitsgeber.

Dazu fällt mir ein Beispiel ein. Viele Eltern kennen dieses Problem. Jeden Morgen streiten sie sich mit den Kindern, darüber was angezogen wird. Die Stimmung ist in vielen Familien morgens immer schon hochexplosiv. Bevor der Tag richtig anfängt, hat man schon Stress. Die Kinder gehen aus dem Haus mit verzogenen Gesichtern und schlechter Laune. Und all diese Unruhe wegen der Eltern, die denken, Kinder müssen selbst und so früh wie möglich entscheiden. Sie müssen schon mit zwei, drei oder vier genau wissen, was sie anziehen wollen, das heißt schon die Wettervorhersage studieren, usw. So gestärkt durch die Pseudoselbstbestimmung, entscheiden die Kinder nach ihrer Lust und Laune. Und diese Eltern sind dann wieder die Ersten, die die Kinder verwirren, indem sie sie dann doch noch umstimmen möchten, sie sollen doch etwas anderes anziehen, weil… Die Kinder, die schon den Genuss der Unabhängigkeit kennen, wollen sich auf den Wunsch dieser

Eltern aber nicht einlassen und wollen, egal , ob es regnet, schneit, sonnig ist, ihre Lieblingsfarbe anziehen. So entsteht ein hin und her vor Kindergarten und Schule. Es geht noch nur um Macht. Am Ende zwingen die Eltern die Kinder doch, das passende Kleid oder Hemd anzuziehen. Leider sind schon so viele Stresshormone produziert worden. So programmieren wir Kinder, die später jeden Morgen mit schlechter Laune den Tag anfangen.

Lassen wir die Kinder nicht zu früh auf sich alleine gestellt und behüten wir sie auch nicht zu sehr. Ein Kind, das zu früh auf sich alleine gestellt wurde und schon sehr früh selbst über alles entscheiden musste, verpasst seine Kindheit als Kind. Gerade dieses Kind wird noch sehr an uns hängen, wenn er erwachsen ist, um diese verpasste Kindheit zu leben.

Perfektionsdrang

Eltern, die in sich den Zwang zur Perfektion verspüren, Eltern, die mit sich selbst nicht zufrieden sind, die kein starkes Selbstwertgefühl und dafür Komplexe haben fordern oft <u>zu viel</u> von ihren Kindern.

Wenn wir Kinder dazu erziehen, dass die keine Fehler machen dürfen, dass alles perfekt sein muss, wenn jeder faux pas eine Katastrophe ist , wenn die Kinder in der Schule nur Einsen schreiben müssen, im Fußball immer diejenigen sein müssen, die die Tore schießen, wenn die Kinder immer ständig auf der Suche auf etwas Neuem sind, wenn die Kinder aufpassen müssen, damit ihre Hose nicht schmutzig wird, die weißen Schuhe nach der Schule genauso aussehen müssen wie neu gekauft, dann erziehen wir unsere Kinder zur Perfektion und das geht nicht ohne Schaden: Druck, Versagensangst, Versagensgefühl, Überforderung führen zu seelischen und körperlichen Beschwerden. Die Kinder werden nie richtig glücklich, sie werden kaum zufrieden sein und werden ein Leben lang die seelische und körperliche Wunden eines solchen Erziehungsstils tragen.

Zu viele Erklärungen und Gespräche, wenn Kinder Fehler gemacht haben können Kindern schaden, ebenso wie ein nicht kindergerechter Kommunikationsstil, wenn man mit ihnen redet, als wären sie erwachsen

Wenn wir Eltern Kindern mit viel Nachdruck erklären, wieso sie etwas nicht tun müssen/dürfen, dann machen sie es erst recht. Sobald die Gelegenheit sich ergibt, werden sie es testen.

Wir machen immer öfter den Fehler, zu viel mit unseren Kindern über Sachen zu reden, die sie nicht gut gemacht haben oder die uns stören, anstatt sie zu loben, für das, was sie gut gemacht haben und gut machen. Wir geben und erwarten zu viele Erklärungen. Das überfordert und stresst die Kinder sehr, da wir so enormen Druck auf sie ausüben.

Sie sind sprachlich, mental, körperlich und intellektuell nicht in der Lage, mit uns so zu kommunizieren, wie mit zwei Erwachsene untereinander. Sie verstehen viele Dinge und Situationen in Bildern, Fantasien und Träumereien und nicht immer rational. Es erzeugt in den Kindern ein Gefühl der Unterlegenheit gegenüber den Eltern, die alles sehr gut mit Worten erklären können. Das erzeugt Widerstand in ihnen und deswegen werden sie auch stur, um nicht immer als Wenig-Wisser dazustehen.

Zu viele Erklärungen tragen bei Kleinkindern selten dazu bei, dass sie das tun, was wir von ihnen verlangen.

Aus meiner eigenen Erfahrung mit meinen Kindern habe ich gelernt, dass es manchmal besser ist, wenn man die Kinder sinnlose Dinge, oder auch Dinge, die für sie schmerzhaft sein können, einfach tun lässt. Sie lernen dabei besser als wenn wir ständig alles erklären. Der Sohn eines Verwandten wurde immer von seiner Mama gewarnt, dass er die heiße Herdplatte nicht berühren darf. Sie erklärte und erklärte ständig alles, was passieren könnte und führte dauernd Gespräche darüber, wenn sie in der Küche waren. Trotzdem berührte er eines Tages die Herdplatte und schrie vor Schmerzen. Klar hatten sie das nicht gewollt. Ich war auch da. Ich hätte es ihm auch verboten oder ihn davon abgehalten, wenn ich es gesehen hätte. Aber Fakt ist, dass wir ihn seitdem davor und vor allen Dingen, die Schmerzen verursachen können, nicht mehr warnen mussten. Er selbst war der Erste, der davor warnte.

Konsequenzen sind manchmal besser als Ratschläge und Warnungen.

Kinder lernen besser durch eigene Erfahrungen, als durch viele Erklärungen und 1000 Gespräche, wie sie dies oder das machen sollten / müssen/können/dürfen.

Gespräche mit Kindern zu führen, als ob sie schon Erwachsen wären, kann den Kindern im Gegenteil schaden und es hält sie auch nicht davon ab, das zu tun oder zu lassen, was man mit den Erklärungen erreichen wollte.

Was Kinder auch enorm unter Druck setzt, sind stundenlange Diskussionen und Gespräche mit den Eltern, wenn die Kinder etwas Unschönes getan haben. Es ist Gift, kleinen Kindern

Versprechen abzuverlangen, dass sie dies oder das nie mehr tun werden. Kinder denken noch nicht so reif wie Erwachsene. Das von ihnen zu fordern und zu erwarten ist sehr, sehr gefährlich und zerstörerisch. Viele Dinge, die Kinder tun, können sie gar nicht verantworten und auch nicht voll verstehen. Wenn wir dann mit ihnen reden und von ihnen fordern, dass sie versprechen, dies nicht mehr zu tun, sind wir dabei, den Weg so vorzubereiten, dass die Kinder sich später als Versager, böse, schlecht, unfähig usw. betrachten. Und sie werden automatisch lügen. Sie werden Lügner. Anstatt dass wir unsere Autorität nehmen und von Anfang an konsequent sind, jammern wir über sie, dass sie nicht auf uns hören, das ist nicht fair den Kindern gegenüber.

Konsequente Entscheidungen und Verbote, klare Linien, klare Aussage sind viel produktiver.

Ich gebe hier ein Beispiel: Eine Mutter, Anna, kam zu mir und beklagte sich, weil ihre Kinder frech zu ihr waren, nicht darauf hörten, was sie sagte, sich dann entschuldigten und sagten, dass sie es nicht wieder tun würden, aber es das nächste Mal nur noch schlimmer trieben. Sie beschimpften sie sogar, das Wort Hure fiel mehrmals. Was ihr noch mehr wehtat, waren die Aussagen, dass Anna sie nicht lieben würde, sie sei böse, unfair und kritisiere nur. Ich redete mit den Kindern und sehr schnell kristallisierten sich für mich die Ursachen heraus. Etwas ist 100% sicher: Kinder werden nicht so ohne unser Mittun zu Monster. Wir stellen die Kinder, wenn sie uns entglitten sind so dar, als ob sie die Schlimmsten wären, die uns nur ärgern wollen. Wenn sie schlimm sind, dann sind wir Eltern Katastrophen. Wir sind schuld, dass sie so geworden sind, woher sonst sollten sie es haben? Kein

Kind wird aggressiv geboren. Kein Kind wird gewalttätig geboren. Kein Kind wird unerzogen geboren. Unsere Erziehungsart macht die zu dem, was sie sind und werden. Bei Anna stellte ich schnell fest, dass sie ihre Kinder überforderte, indem sie die Kinder sehr intensiv mit ihren schlechten Taten konfrontierte und dachte, sie würde erreichen, dass die Kinder verstehen. Die Kinder mussten sich ständig entschuldigen und Versprechen leisten, nur um diese dann wieder zu brechen. Sie fühlten sich schlecht dabei, da Anna ihnen immer wieder vorwarf, dass sie das Versprechen nicht eingehalten hatten. Vorwürfe wie „ihr macht mich verrückt,…ich werde verrückt, …das ist wahnsinnig, …ich kriege die Krise, …warum tut ihr mir das an, …ihr tut mir weh, …ihr macht mich traurig, …ich bin am Ende mit meiner Energie, …was für Kinder seid ihr" zementierten das Gefühl in den Kindern, sie wären so schlimm, unfähig, böse, sie wären Versager, halten ihre Versprechen nicht. Anna kultivierte in den Kindern eine Logik des schlechten Gewissen, des Schuldgefühls. Die Kinder mussten sich instinktiv verteidigen und umso härter und respektloser gingen sie mit ihrer Mutter um. Gerade das, was Anna mit dieser Erziehungsart nicht erreichen wollte, bekam sie. Tatsächlich besserten sich die Kinder, als Anna aufhörte, so mit ihnen umzugehen und gleichzeitig konsequenter wurde.

Zu viele und zu lange Gespräche über die Verfehlungen der Kinder, mit ihnen wie mit Erwachsenen umgehen, sowie sie dazu bringen, sich ständig zu entschuldigen, sich zu rechtfertigen, ein schlechtes Gewissen und Schuldgefühle zu haben – alles trägt dazu bei, dass unsere Kinder unglücklich werden.

Falsche Gerechtigkeit verursacht Ungerechtigkeitsgefühle: Der Versuch/Wunsch/Drang, alle Kinder in einer Familie gleich zu behandeln, führt dazu, dass Kinder sich beneiden

Der Anspruch, alle Kinder gleich behandeln zu wollen, ist ungesund für die Kinder und schadet den Kindern.

Dass das jüngste Kind mit drei alles haben will, was sein zehnjähriger Bruder hat und der alles dürfen möchte, was seine sechzehnjährige Schwester darf, ist normal. Nichts daran ist erstaunlich. Das ist kein Grund, alle drei gleich zu behandeln und zu erlauben, dass der Zehnjährige auch bis 23 Uhr ausgehen darf, wie die Sechzehnjährige oder sie wieder im Bett von Mama schlafen muss, wie die Dreijährige, weil sie Kopfschmerzen hat.

In einem solchen Gleichbehandlung-Wahn werden alle Kinder Verlierer sein. Sie werden alle unglücklich sein und über Ungerechtigkeit und Unfairness klagen.

Die gleiche Chance und Möglichkeit für alle individuell gut und gerecht erzogen zu werden bedeutet jeden Fall, die Kinder unter Berücksichtigung ihrer jeweiligen Persönlichkeit, ihrer Bedürfnisse, ihrer Interessen und ihres körperlichen und mentalen Entwicklungsstandes zu erziehen.

Kinder nicht lehren zu geben und selbst immer zu viel geben: Das schwächt die Kinder und macht Eltern wichtiger, als sie sind – ein weiteres deutliches Beispiel von Energievampirismus

Dies ist nur ein kleiner, aber sehr wichtiger Punkt in der Kindererziehung. Kinder müssen lernen, sich von Sachen zu trennen. Sie müssen lernen zu geben und nicht nur zu nehmen.

Kinder, die nur bekommen und selbst nicht geben, werden nicht nur zu Egoisten, sondern zu bedürftigen, abhängigen Menschen erzogen.

Dieser „selbstlose" Erziehungsstil dient am Ende mehr, ob bewusst oder nicht, der Erhaltung einer Machtfunktion über die Kinder.

Es bringt in der Persönlichkeitsentwicklung der Kinder nur Behinderungen, macht aber im Gegenzug uns Eltern stark. Als Leute, die immer geben und immer sehr gerne helfen, übernehmen wir eine wichtige und überlegene Position gegenüber den Kindern.

Die Kinder werden immer schwächer und unselbständiger (verlieren Energie) und wir Eltern werden immer bedeutender. Das stärkt unser Selbstwertgefühl (Energiegewinn). Auch hier in diesem Punkt sehe ich ein Beispiel von Energievampirismus.

Warnungen, Angst und Sorge als Erziehungsmethode schaden Kindern: Zu viele Sicherheiten geben zu wollen, nach dem Motto „nur bei uns bist du in Sicherheit", macht Kinder unsicher – auch das ist Energievampirismus

Wie schon oben im Punkt „Zu viele Erklärungen" sind übertriebene Warnungen und Angst um unsere Kinder schlimmer für sie, als das, was ihnen passieren könnte.

Es ist klar, dass es da draußen viele Dinge gibt, wie auch im Inneren der Familie, die uns verunsichern und uns zwingen, vorsichtig zu sein. Aber zu übertreiben und nur Gefahren für unsere Kinder zu sehen, hilft den Kindern überhaupt nicht.

Kinder wollen keine Eltern, die um sie Angst und Sorge haben. Kinder sind wie Welpen. Sie wollen spielen, sich amüsieren, etwas riskieren, ihre Grenzen und Möglichkeiten testen - dazu gehört es auch, Fehler zu machen, Frustration und Wut zu erleben.

Ein Kind will auf einen kleinen Baum zwei Äste hochklettern, da rennt die Mama hysterisch herbei:

„Pass auf, die Äste können brechen, du kannst runterfallen und dir die Beine brechen!"

Kind: *„Aber Mama, ich kann es doch, ich passe auf."*

Mama: *„Nein, mach das lieber nicht. Ich habe im Fernseher gesehen, wie ein Kind dabei gestorben ist. Nein, komm sofort herunter. Du weißt, wie tollpatschig du bist."*

Das Kind ist beeindruckt, aber nicht überzeugt, es könnte glauben, dass es mit seiner Unfähigkeit zu tun hat „ich bin einfach zu tollpatschig, Mama hat kein Vertrauen, weil ich das nicht schaffen kann. Ich bin ein Versager, der nichts kann" usw. Das geht auf sein Selbstvertrauen über.

Machen wir uns viele Sorge um unsere Kinder, haben wir Angst, dass ihnen Schlechtes passieren könnte und schützen wir sie deswegen zu sehr, dann werden wir ihnen schaden. Wir werden Kinder erziehen, die mit unseren Ängsten leben und diese auch übernehmen. Sie werden dann Menschen, die sich nichts trauen, nichts riskieren, nicht belastbar sind. Ihnen wird also die Chance genommen, ihr Selbstvertrauen aufzubauen und weiter zu entwickeln: Sie sind schwach und anfällig.

Sie können sogar Zwangskrankheiten und Paranoia entwickeln.

Es gibt Kinder, die aus Angst ihr Zimmer gar nicht mehr verlassen, sich nicht trauen in die Schule zu gehen, die sich ständig ihre Hände waschen, aus Angst vor irgendwelchen Krankheiten, usw. Diese Zwänge und Ängste entstehen oft aus der sehr ängstlichen Erziehung, die sie bekommen haben.

Kinder mögen nicht, wenn man ihnen ständig verwehrt etwas zu machen, bei dem sie davon ausgehen, dass ein Verbot nicht sein muss.

Wenn wir unseren Kindern ständig etwas verbieten, bringen wir sie dazu, uns irgendwann mehr nicht mehr zu gehorchen und den Respekt zu verlieren.

Es gibt zum Beispiel Eltern, die ihre Kinder mit aller Macht zur Ruhe bringen möchten. Kinder dürfen nicht schreien, in der Wohnung keinen Lärm machen. Kinder hören ständig nur noch

„Leise, leise."

„Ihr seid zu laut."

„Mein Gott, hör sofort damit auf."

„Ihr seid unmöglich!"

Die Kinder entwickeln eine Abwehrhaltung und werden dann erst richtig stur und sogar aggressiv und toben noch mehr, weil sie nicht verstehen können, dass man sie so in ihrer Freiheit einschränken will. Es ist klar, dass Kinder Rücksicht nehmen und Ruhezeiten einhalten müssen, aber sie sind nur Kinder. Sie sind Kinder und nicht Erwachsene und sie dürfen Kinder sein. Das bedeutet, sie dürfen toben, schreien, weinen, streiten, manchmal in der Wohnung rennen und springen, sonst würde diese Energie unsere Kinder kaputtmachen.

Zu viel Fürsorge schadet

Wir machen manchmal den Fehler, Kinder zu sehr schützen zu wollen, dass sie das Gefühl bekommen, nur bei den Eltern fühle ich mich sicher. Die Eltern sind zufrieden und fühlen sich als schützende Macht und Helfer sehr wohl dabei. Unser Ego steigert sich mit jedem „Danke, Papa", „Danke, Mama", „ihr seid die Besten", „ohne euch hätte ich es nicht geschafft". Bei kleinsten Problemen rennen die Kinder zu uns und wir sind sofort zur Stelle, um zu helfen. Wir helfen und schützen sogar, ohne dass die Kinder darum gebeten haben. Wenn die Kinder Streit mit jemandem haben, versuchen diese Eltern nicht, gerecht zu sein, sondern unterstützen nur ihre Kinder, auch wenn diese sichtlich im Unrecht sind. So ein Stil macht uns als Eltern stark, stärkt unser Selbstbewusstsein, streichelt unser Ego, sichert unsere Machtposition. Das ist aber Energievampirismus, da zugleich unsere Kinder schwächer, bedürftiger, uns gegenüber abhängiger werden. Das ist fatal für sie, auch im erwachsenen Alter. Ich kenne erwachsene Menschen, die beziehungsunfähig sind, weil sie so sehr an ihrer Mama oder ihrem Papa hängen. Andere sagen stolz mit 40 „ich kann mich nur meinen Eltern anvertrauen, sie sind immer für mich da und helfen mir immer." Es gibt Eltern, die ihre Söhne oder Töchter so sehr schützen wollen, dass sie sogar in deren Beziehungen eingreifen. Anstatt bei einem Problem zuzulassen, dass die Partner sich bemühen, ihre eigenen Lösungen zu finden, sind sie schon da mit ihrer Hilfe und unterbinden somit die aktive Rolle des Partners, die wichtig ist für die Anerkennung in einer Beziehung. So hat der Partner kaum die Chance, eine wichtige Rolle zu auszufüllen, dadurch fühlt sich die Tochter oder der Sohn wiederum in schwierigen Phasen nicht vom Partner unterstützt und geliebt. Das führt dazu, dass diese Kinder sich nicht einlassen und Vertrauen nicht entstehen lassen. Früher oder später werden Kinder, die so erzogen wurden, verlassen, oder sie trennen sich immer schnell. Aber nicht der Partner ist schuld, sondern der Erziehungsstil der Eltern. Viele solcher Kinder sind innerlich instabil, sie sind manchmal 40, aber vor ihren Eltern reden sie, handeln sie und verhalten sich immer weiter wie Kinder, um immer noch mehr bekommen zu können. Diese Kinder werden wütend und zornig, wenn die Eltern dann irgendwann einmal ihren Bedürfnissen nicht mehr nachkommen wollen.

Liebe ist gut und richtig, aber zu viel Fürsorge, die Kinder zu viel beschützen wollen, macht die Kinder schwach und am Ende unglücklich.

Zu viel Lob, Falsches, unangebrachtes und ungerechtfertigtes Lob, kaum Kritik oder nur Kritik, bzw. zu viel davon

Falsches und ungerechtfertigtes Lob und zu viel Lob schaden den Kindern und entwerten jedes Lob.

Die Kinder haben feine Antennen für sich selbst und können zum großen Teil ihre Leistungen und Handlungen selber sehr gut beurteilen. Sie spüren es, wenn sie etwas nicht ganz so gut gemacht haben.

Wenn wir Eltern sie für etwas loben, das offensichtlich nicht außergewöhnlich ist, oder wir sie loben, obwohl sie hätten korrigiert werden müssen, schaden wir ihnen.

Lob kann bei Kindern sogar Druck erzeugen, zum Beispiel Perfektionsdruck, Lob kann auch dazu führen, dass die Kinder den Respekt vor uns verlieren.

Kinder gewinnen oder stärken ihr Selbstvertrauen und gewinnen an Selbstsicherheit, wenn sie Herausforderungen, schwierige und manchmal schmerzhafte Erfahrungen mit eigenen Mitteln überwinden. Würden wir alles dafür tun, dies durch ständiges Lob zu unterbinden, fördern wir gar nichts in unseren Kindern.

Es gibt Eltern, die aus Angst, die Kinder traurig zu machen, alles loben. Zum Beispiel ist nach einem Fußballspiel ihres Kindes alles, was aus ihrem Mund kommt nur „toll gemacht, Marco", weil Marco gut gespielt hat. Das nächste Mal heißt es wieder „toll gemacht, Marco", obwohl das Kind viele Fehler gemacht hat – weil es kurz vor dem Spiel zu viel gegessen hat und sich deswegen kaum bewegen konnte und es wird auch von seinem Trainer dafür kritisiert. So ein Lob-Stil würde dem Kind mehr schaden, weil er dazu führt, dass das Kind nicht beseitigt, was nicht gut war und nicht noch weiter verbessert, was gut war. Diese Art von Lob macht das Kind schwach, wenn es nicht mit der Realität übereinstimmt.

Leeres Lob und Lob für Dinge, die objektiv nicht lobenswert sind, verhindern, dass die Kinder die Kraft des wahren Lobes nicht erfahren. Sie verlernen ihr angeborenes Urteilsvermögen. Wenn Lob nicht gerechtfertigt ist, kann es das Kind demotivieren und verwirren. Wir sind nicht mehr glaubwürdig, da sie unserem Urteilsvermögen nicht mehr trauen. Irgendwann glauben sie dann nicht mehr an uns und an sich selbst.

Lob ohne Kritik kann das Leistungsvermögen der Kinder beeinträchtigen und dazu führen, dass sie sich gar nicht mehr anstrengend, da alles, was sie tun doch so toll und unglaublich schön ist.

Sehr viel loben, besonders mit materiellen oder Geldgeschenken ist sehr kontraproduktiv für eine gesunde Entwicklung der Kinder.

Obwohl wir mit Lob Gutes tun wollen, können wir mit falschem, nicht ehrlichem und leerem Lob viel Schaden bei unseren Kindern verursachen.

Ständige und übermäßige Kritik an den Kindern, auch wenn es Gründe dafür geben sollte, schadet den Kindern genauso wie das ständige Lob. Kinder, die ständig kritisiert werden, verschließen sich, glauben nicht mehr an sich, zweifeln an allem, was sie tun, lassen sich schnell manipulieren, werden nicht selbstbewusst genug. Sie haben Angst. Eine weitere Folge ist die Zerstörung der Bindung zwischen den Kindern und uns Eltern.

Gewalt in der Erziehung: Körperliche und psychische. Achtung: Die Folgen psychischer und verbaler Gewalt können weitaus schlimmer sein, als körperliche Gewalt; „Du Dummerchen" kann mehr schaden als ein heftiger Klaps

Ein Erziehungsstil, der auf Gewalt basiert, kann dem Kind nichts Gutes tun. Gewalt ist ein Grund, warum Kinder unglücklich sind. Entgegen häufiger Annahmen ist Gewalt in vielen Familien aller sozialen Klassen immer noch sehr häufig. Sie wird einfach nur nicht nach außen getragen.

Ich weiß, dass das Wort Gewalt von Person zur Person, von Land zu Land, von Kultur zu Kultur anders interpretiert wird.

Was ist Gewalt? Wann fängt die Gewalt an? Ist ein Klaps Gewalt?

Ist Gewaltandrohung Gewalt? Was ist mit Gewaltszenen?

Ich finde die wirklich große Problematik in der Definition des Worts Gewalt selbst, weil sie keine Gradierung zulässt. Das Wort Gewalt selbst ist sofort negativ. Deswegen reden wir hier von Gewalt als allem, was dem Kind wehtut.

Grundsätzlich ist Gewalt etwas, was Kindern schadet, aber nur grundsätzlich, weil ich auch überzeugt bin, dass ein kleiner Klaps nicht unbedingt schadet, wenn er nicht dazu benutzt wird, dem Kind wehzutun und nur in Ausnahmefällen eingesetzt wird. Aber da liegt bereits die Problematik. Wer bestimmt die Grenze von Schmerzen? Was tut dem Kind weh und was nicht? Ich persönlich brauchte diese Mittel nie für meine Kinder und empfehle diese Methode auch nicht, aber die Klapse meiner Eltern haben mir auch nicht geschadet (aber das war auch in einer anderen Zeit) und ich bin kein Schläger geworden. Ich habe mich niemals mit einem anderen Kind oder anderen Menschen geschlagen, weil ich einen Klaps bekommen habe. Trotzdem bin ich der Meinung, dass es ohne sehr gut gehen kann und für alle gesünder ist. Man braucht keine Schläge für eine erfolgreiche Erziehung.

Erziehung mit Schlägen und Prügeln ist sinnlos und bringt langfristig nicht das ersehnte Ergebnis. Im Gegenteil. Zu viele Schläge verhärten die Kinder, die wiederum härter und gewalttätig werden. Gewalt in der Erziehung behindert die Persönlichkeitsentwicklung von Kindern massiv: Sie können auch im Erwachsenenalter Ängste, Wut, Zorn, Minderwertigkeitskomplexe haben.

Auch passive Gewalt, wie Gewalt im Fernsehen, schadet Kindern. Gewaltszenen und sexuelle Bilder und Inhalte im Fernsehen und im Computer machen Kinder ängstlich, vermindern ihre Aufmerksamkeits- und Konzentrationsspanne, machen sie unruhig, sie schlafen schlecht, sie steigern ihre Bereitschaft zu Aggression und Gewalt, sie können das Bild von Sexualität der Kinder negativ beeinflussen und sogar sexuelle Misshandlungen von Kindern an Kindern fördern und viel mehr.

Und was ist mit psychischer Gewalt? Gewaltandrohung? Festhalten? In ein Zimmer sperren?

Die Meinungen gehen weit auseinander, wenn man fragt, was mehr Schaden anrichtet: psychische Bestrafung und Gewalt gegen Kinder oder körperliche Gewalt?

Viele Leute verteufeln zu Recht körperliche Gewalt, wie Schlagen, und die psychische Gewalt wird gar nicht als so schlimm empfunden.

Psychische Gewalt zählt in vielen westlichen Gesellschaften zu den häufigsten Formen von Gewalt gegen Kinder, wo angeblich Gewalt gegen Kinder strikt verboten ist. Der Grund: sie wird sehr subtil ausgeübt bzw. man sieht nicht sofort die Folge mit bloßen Augen .anders als bei der körperlichen Gewalt

Bei körperlichen Gewalt sieht man auch die Folgen sofort: blaue Flecken, Wunden, Tränen, usw. Die Folgen psychischer Gewalt werden nicht gesehen und deswegen auch eher vernachlässigt. Das ist aber ein großer Fehler, da diese bei Kindern schlimmere Verletzungen verursachen. Folge: psychische Gewalt läuft im Stillen ab, im Verborgenen, unterschwellig und kommt erst heraus, wenn die Kinder schon richtig kaputt sind.

Vielen Menschen, viele Eltern glauben, dass es besser ist, ein Kind dumm zu nennen, als ihm einen Klaps zu geben: Hausarrest, ins Zimmer Sperren, Liebesentzug, stunden-, gar tagelange Gesprächsverweigerung, Schweigen und Kind Ignorieren, Isolation, Mobbing (ja, es gibt Eltern, die ihre eigenen Kinder mobben, oder ein Teil der Familie mobbt den anderen), den Kindern ständig Vorwürfe machen, Kinder ständig mit ihren Fehler und Mankos konfrontieren, ständig den Kinder vorwerfen, dass sie uns geärgert haben, dass sie uns fertigmachen, Zurückweisung, Bloßstellen, Herabsetzung, Erniedrigung, mit Essen bestraffen, Beschimpfungen („du Arschloch, du redest nur Blödsinn, Dummerchen, du bist ein schlechtes Kind, du isst, wie ein Schwein, der Jonas macht es besser als du, du Affe") Drohsätze („wenn du das nicht machst, werde ich dich schlagen, wenn du schreist, rufe ich die Polizei an, der Böse holt dich ab, wenn du nicht nett bist, ich will dich heute nicht mehr sehen, du bist unmöglich, nicht zu ertragen usw.). All das sind Angriffe, die die Seele der Kinder viel intensiver krank machen und zerstören. Sie verursachen auch

Krankheiten, die man am schwierigsten heilt, weil sie zu spät registriert werden und man eigentlich am Ende vergessen hat und nicht mehr genau weiß, wie die Verletzungen entstanden sind.

Die Folgen psychischer Gewalt gegen Kinder sind u.a.: Zerstörung des Vertrauens und des Selbstwertgefühls, Angststörungen, Zwangskrankheiten, Persönlichkeitsstörungen, Suchterkrankungen, Selbstverletzungen, Bulimie, Magersucht, Komplexe, Minderwertigkeitsgefühle, Antriebslosigkeit, Kotzen, Selbstmordgedanken und sogar Selbstmord, Depressionen, ständige Frustrationen, aggressives Verhalten, das oft gegen die Eltern selbst anfing.

Kinder, die Gewalt als Erziehungsstil gekannt haben, werden zum großen Teil auch gewalttätig. Wir sehen oft Erwachsene, die auch in der Sprache sehr gewalttätig sind, die nur mit Beleidigungen, Beschimpfungen usw. argumentieren oder sich wehren. Meistens haben diese Menschen als Kind Gewalt gekannt. In Kap. 22.9 berichtet Robert darüber, wie die Gewalt seines Vaters ihn auch im Alter von 38 Jahren noch gewalttätig macht. Er kann Auseinandersetzungen, auch mit seinen eigenen Geschwistern, nur mit schlimmsten verbalen Entgleisungen durchstehen. Die Worte, die dabei aus seinem Mund kommen, machen ihn im Nachhinein sehr traurig. Das sind Wörter die man auch gegen ihn benutzt hatte. Das sind Worte wie Huren, Arschloch, fxxx dich, du bist blöd, du bist dumm, du bist krank, du bist scheiße, Ratte, du Affe, Schwein, ich bringe dich um, verpiss dich, Schwuchtel, Dieb usw. Er wusste nicht woher das kam und erst ein Coaching half ihm, die Stimme seines Vaters in den Worten zu erkennen und er lernte dann, sich besser in den Griff zu bekommen.

Auch Gewalt unter Eltern, ohne die Kinder direkt zu betreffen kann Kindern genauso schaden, wie psychische Gewalt. Sich vor den Kindern ständig fertig zu machen, zu beschimpfen, sich zu schlagen kann auch als Gewalt gegen Kinder angesehen werde, diese beeinflusst die Kinder auf jeden Fall negativ.

Selbstlose Erziehung ist eine Selbstlüge

Die selbstlose Erziehung ist nach meiner Meinung eine Selbstlüge. Alles, was wir tun, hat einen Grund. Alle Handlungen kommen nicht von ungefähr. Wir verfolgen damit ein bestimmtes Ziel, auch wenn unbewusst. Man liebt nicht einfach so.

Bewusste und unbewusste sexuelle Belästigung und sexueller Missbrauch von Kindern
Achtung: Kinder können sehr früh sexuelle Erregung empfinden, manche Art von Streicheln kann für ein Kind sexuelle Belästigung sein

Ein großes Problem für Kinder in der immer stärker sexuell frustrierten und unglücklich werdenden Gesellschaft in allen Kulturen der Welt, in allen sozialen Schichten, ist die sexuelle Belästigung, sexuelle Gewalt und der Missbrauch.

Dieses heikle Thema wird unterschätzt, weil vielleicht es viel öfter vorkommt, als wir akzeptieren möchten und dennoch Tabu ist.

Missbrauch von Kindern kann in verschiedenen Formen geschehen. Es kann bewusst sein aber auch unbewusst. Bewusst kann es aktiv oder inaktiv sein. Missbrauch eines Kindes muss man nicht nur in gewaltintensiven Akten sehen. Auch sogenannte liebevolle Gesten, Streicheleinheiten, Körperberührungen, Massagen, Blicke können bei Kindern das gleiche auslösen, wie ein „echter" Missbrauch.

Pädophile Gedanken sind weiter in den Köpfen der Menschen verbreitet, als die Gesellschaft zugeben will.

Viele Akteure der 68er Bewegung setzten sich für die sexuelle Freiheit ein. Daraus entwickelte sich auch bei vielen der Gedanke, Sex mit Kindern nicht mehr als Straftaten einzustufen, das bedeutet Sex mit Minderjährigen als normal zu betrachten, solange das Kind freiwillig zustimmen würde. Dieser Gedanke nahm konkrete Formen an wurde sogar bei einigen Menschen als politisches Ziel angesehen. Wie kann ein Kind aber etwas zustimmen, das es doch gar nicht kennt?

Ich glaube, bzw. vermute, dass das Schlimmste, was einem Kind passieren kann, sexueller Missbrauch ist.

Sexuelle Gewalt an Kindern tötet die Kinder von Innen ab. Es zerstört ihre Natur, ihr Urvertrauen, ihr Wesen. Das Schlimmste ist dabei für die Kinder, dass die Täter oft Bezugspersonen sind, wie Eltern, Großeltern, Tanten und Onkel, Betreuer, Trainer, das heißt Menschen in die sie vollstes Vertrauen haben.

Bewusste, aktive sexuelle Gewalt an Kindern ist für mich, wenn Menschen Kinder aktiv „geschlechtsmässig" missbrauchen: aktiver Sex in allen möglichen Formen, aktives Anfassen, Konsum von Pornos und Sexbildern vor und mit den Kindern, sich vor einem Kind aufgeilen und vieles mehr. Darüber wurde schon sehr viel geschrieben und die negativen Folgen für die Kinder kennen wir alle.

Bewusste, inaktive sexuelle Gewalt an Kindern ist, wenn Menschen Kinder unauffällig missbrauchen und die Kinder dabei glauben lassen, dass es um Zuneigung und Liebe geht. Der Akt ist so subtil, dass man den Missbrauch kaum merken und erkennen kann. Nur das Kind findet es unangenehm, aber es hat kaum Chancen, sich dagegen zu wehren, denn es ist doch „nur Zuneigung". Währenddessen spürt der Erwachsene Lust und seine Handlungen und die Widerstandslosigkeit und die Naivität des Kindes machen ihn geil. Diese Form vom Missbrauch hat nach meinen eigenen Studien langwierige, negative Folge für die Kinder. Sie sind erwachsen, aber kaputt, ohne zu wissen, was mit ihnen los ist. Sie haben ein oder mehrere der folgenden Symptome: ihre Sexualität ist durcheinander, sind frigide, prüde oder kriegen ihn nicht hoch, sie kriegen kaum einen Orgasmus, wenn sie mit Menschen schlafen, die sie lieben, aber doch mit Menschen, die sie nicht lieben, oder von denen sie nicht als wertvoll erachtet werden und die sie misshandeln, sie sind beziehungsunfähig, hassen ihren Körper, verletzten sich selbst, leiden unter Bulimie, usw. Sie wissen selbst nicht, warum sie so sind und suchen die Gründe woanders. Eine Korrelation mit einem möglichen Missbrauch ist ausgeschlossen, denn es gab angeblich auch nichts, was man als Missbrauch bezeichnen könnte und die Eltern waren doch immer so lieb.

Ich weiß genau, dass diese Form vom Missbrauch sehr schwierig zu beweisen ist. Ich kam nicht durch Zufall darauf, denn bei meiner Einweihung in Afrika wurde schon darüber gesprochen und deswegen haben die Menschen sehr früh eine Trennung der Geschlechter etabliert und Erwachsene gewarnt, Kinder bzw. Heranwachsende einfach so und überall zu betatschen. Es wurde uns sehr früh erklärt, dass der Körper – sei es von Kindern oder Erwachsenen – auf bestimmte Impulsen reagiert. Die Erwachsenen können die Impulse einordnen, die Kinder noch nicht ganz. Es gibt deswegen Zonen am Körper, die man auch aus Liebe zum Kind nicht einfach so unbedacht berühren sollte, weil diese Zonen erotisch sind bzw. erogen. Wie man ein Kind von einem oder zwei Jahren berührt oder streichelt, sollte nicht mehr das gleiche sein, wenn das Kind sechs, sieben oder acht ist. Die Reaktion der Kinder auf die Berührung ändert sich, je älter sie werden. Eltern und Erwachsene müssen das wissen und respektieren und sehr früh den körperlichen Kontakt zu Kindern anpassen. Bestimmte Bilder und Berührungen der Kindern, oder der Eltern untereinander vor den Kindern, werden mit der Zeit Tabus, um die Kinder und ihre Intimität zu schützen. Das ist in der afrikanischen Erziehung sehr wichtig, denn der natürliche Inzest-Schutzinstinkt ist nicht vollkommen. Man sollte ihn aktiv unterstützen, damit er bleibt und das bedeutet auch, Vorkehrungen zu ergreifen. Manche Menschen aber überschreiten absichtlich diese Grenze, um Kinder zu missbrauchen, ohne sich wirklich an den Kindern zu vergehen (geschlechtlicher Sex, wie man Missbrauch und Vergewaltigung versteht).

Die **öffentliche Pädophilie-Debatte** in Deutschland im Jahr 2013 über den Umgang der Partei Die Grünen mit der Pädophilenbewegung und der konkrete Fall einer Klientin brachten mich dazu, diese Art von Missbrauch ohne „Tat" an Kindern zu untersuchen. Ich schaltete verschiedene Arten von Anzeigen, um Menschen mit ähnlichen Erfahrungen in der Kindheit zu suchen. Die Reaktionen waren mehr als ich erwarte habe. Viele Menschen meldeten sich, freuten sich, dass sie zum ersten Mal darüber sprechen konnten, über etwas, das die Gesellschaft als normal ansehen möchte, aber was ihr Leben kaputt gemacht hat. Sie erzählten von unangenehmen Erlebnissen an ihrem Körper, als sie Kind waren. Obwohl es ihnen damals schon schlecht damit ging, hatten sie es verdrängt und vergessen.

Eine Frau erzählte mir: „Wie kannst du mit sechs jemandem erzählen, dass dein Vater dich nur mit seinen Augen sexuell belästigt hat? Wie kannst du jemandem mit sechs erklären, dass deine Tante dich bei der Massage mehrmals an den Brustwarzen zärtlich gekratzt hat und dabei komisch gelacht hat? Man wird sagen, dass du verrückt bist, dass sie es nur gut gemeint hat und dir nur etwas Gutes tun wollte, oder? Du glaubst es am Ende auch, aber in deinem Unterbewusstsein ist die Sache schon fest registriert als Missbrauch. Irgendwann bekommst du die Symptome eines missbrauchten Kindes, aber du kannst gar nicht mehr wissen, woher es kommt. Der Psychologe fragt dich, ob du in deiner Kindheit missbraucht wurdest, und du sagst nein. Er glaubt dir nicht. Er denkt, du willst etwas verbergen. Aber wie kannst du etwas verbergen, was es nicht gab? Niemand hat sich an dir vergangen, auch nicht oral. Aber dein Körper sagt dir, du wurdest sexuell missbraucht. Endlich darfst du die Sache mit Namen ansprechen. Ja, das war Missbrauch. Sie haben sich aufgegeilt. Es hat ihnen Lust gemacht. Missbrauch ohne Tatwaffe, ohne Beweise."

Es gibt viele Betroffene von Fällen, die für die meisten Menschen gar nicht wahrgenommen werden. Viele dieser Betroffenen leiden noch heute darunter. Einige Beispiele:

- Unangenehmes Streicheln, Berühren; Massage an Bereichen, die sie nicht wollten.
- Bilder des nackten Körpers des Vaters oder des Freundes der Mutter, manchmal in erigiertem Zustand („,Es ist doch normal schäm dich nicht, Schatzi,' sagte meine Mutter. Er kommt ins Badezimmer und fragt: ‚Willst du es anfassen?' Und heute wollen sie nicht wissen, woher meine Probleme kommen?" Erzählte mir eine 34 jährige Frau).
- Die erotischen Blicke des Onkels („Er sagte mir ständig, direkt und leise in meine Ohren ‚du bist ein hübsches Mädchen' und danach schaute er mich an und leckte sich langsam über seine Lippen).
- Die lauten Schreie der Mutter, die auf der Couch mit dem Liebhaber schläft und zeigt, wie sie es genießt, wie schön es ist.

Solche Erlebnisse zerstörten viel in den Kindern und belasteten sie, ohne dass jemand wirklich sagen kann, dass sie sexuell angegriffen wurden. Dennoch haben viele von ihnen die Symptome, die psychischen und körperlichen Beschwerden von Kindern, die wirklich missbraucht wurde. Der Missbrauch hier hat auch stattgefunden, aber in einer anderen Form.

Mehr über dieses Thema habe ich in dem Buch „*Versteckte sexuelle Angriffe gegen Kinder, unauffälliger Missbrauch von Kindern*" geschrieben.

Unbewusste sexuelle Belästigung und Missbrauch von Kindern - Achtung: Kinder können sehr früh sexuelle Erregung empfinden

Sexuelle Belästigung von Kindern muss kein aktiver Akt sein, sie kann verbal sein, oder auch aus unschönen visuellen Akten bestehen.

Ein Mann in meinem Coaching berichtete, dass er Frauenkörper hasst und er wusste auch gleich warum. Den Grund hatte er immer gekannt. Von Anfang an hatte ihn dieser Anblick belästigt. Er sagte mir, dass er als Kind häufig mit seiner Oma zu einem See ging, um zu schwimmen. Es war ein See, an dem man nackt baden durfte. Er wollte das nicht, traute sich aber nicht, abzulehnen, denn er schämte sich den Grund anzugeben. Er wollte seine Oma nicht beleidigen. Tatsache war, dass er seine Oma nicht nackt sehen wollte. Der Anblick dieser alten, faltigen Haut (was ganz normal ist, sie ist eben alt und wir werden alle irgendwann einmal so aussehen) störte ihn sehr. Dadurch assoziierte er den Körper einer Frau und Sexualität mit dieser „Unschönheit" und am Ende war er davon sexuell zerstört. Nun mit 38 war er noch immer nicht fähig, einen Frauenkörper als schön anzusehen, obwohl er nicht schwul ist.

Nach diesem Bericht habe ich im Netz gesucht, ob andere Menschen solche Erfahrungen gemacht hatten, bei denen sie sich sexuell belästigt gefühlt haben, obwohl es in der Realität nicht um mutwillige sexuelle Belästigung ging.

Erstaunlicherweise meldeten sich viele Menschen, Frauen und Männer und berichteten mir von Erlebnissen, die wir Eltern oder die Gesellschaft normal finden, die aber **manche** Kinder doch sehr stören. Die Erlebnisse reichten von Papa morgen im Bett nackt und steif zu sehen, bis zum Duschen mit Mama. Viele erklärten mir, wie unangenehm sie es fanden, wenn sie mit acht, neun oder zehn noch von der Mutter gewaschen wurden und diese dabei ihre Genitalien berührte und sie sich erregt fühlte. Ich war doch sehr erstaunt, wie wir Kindern unbewusst wehtun, ohne es zu wollen oder zu wissen. Klar, es geht nicht um alle Kinder, aber Tatsache ist, dass es Kinder gibt, die solch schamlose, moderne Art des Lebens als sexuelle Belästigung empfinden. Die Schamgrenze ist bei jedem Kind anders. Was für ein Kind normal ist, kann bei einem anderen schlecht sein. Manche Kinder sind schon sehr früh sexuell aktiv in ihren Gedanken und Gefühlen und manche nicht. Die großen Fehler, die wir machen, entstehen durch die Experten und Pädagogen, die uns verallgemeinernde Tipps geben.

Sexuelle Erregung von Kindern kann sehr früh anfangen und nicht erst in der Pubertät, wie es früher in den westlichen Ländern gesagt und gedacht wurde. In Afrika lernte ich bei meiner Einweihung, dass Kinder schon sehr früh sexuelle Erregung spüren können. Sie ordnen das nicht sexuell ein, aber sie können spüren, was das in ihren Körper macht. Etwas Schönes oder Unschönes, je nach Kind und seiner Persönlichkeit und Empfindlichkeit.

Meine frühe sexuelle Erfahrung als Kind

Ich habe schon sehr früh mit mir gespielt ohne zu wissen, was das ist, was ich da tue. Es machte mir einfach Spaß, mit meinem Geschlechtsteil zu spielen. Da ich aus einer großen Familie komme (mein Vater hatte drei Frauen und über 20

Kinder), erinnere ich mich noch genau, wie wir Kinder, Jungen und Mädchen, uns für diese Teile interessierten, ohne Hintergedanken. Dann, irgendwann mit sechs Jahren glaube ich, habe ich eine Erfahrung gemacht, die ich bis heute nicht vergessen habe. Die Tochter einer Bekannten der Familie war zu Besuch und hat bei uns in Yaounde übernachtet. Sie war vielleicht 18, 20? ich habe keine Ahnung. Ich schätze es nur. Sie hat diese Nacht bei mir im Bett geschlafen. Nachts habe ich an ihr gefummelt und versuchte ihren Slip auszuziehen. Ich stecke meine Hände überall hin, ohne zu wissen, was ich suchte. Dann legte ich mich auf ihren Po und so. Ich tat das alles sehr bewusst und passte auf, dass sie nicht wach wurde. Wenn sie sich bewegte, hörte ich auf und tat so, als ob ich schlief. Zu meiner Überraschung wachte sie aber nicht auf und legte sich immer so hin, dass es mir einfach war, in der Unterhose zu fummeln, oder ihre Brüste zu streicheln. Ich wusste nicht genau, was ich wollte, aber ich war erregt und es fühlte sich schön an. Ich habe weiter nichts getan und es ist nicht weiter gegangen, als diesen schlafenden Körper zu „durchwühlen". Irgendwann war ich müde und schlief ein. Am Tag danach hatte ich Angst und schämte mich so, aber sie erzählte es niemandem und danach war die Sache aus meinem Kopf verschwunden. Dass ich am Tag danach nur herumschlich, mich schämte und Angst hatte, dass sie es meiner Mutter sagt, ist der Beweis, dass ich die Sache selber nicht als normal empfunden habe. Dieses Bewusstsein für das Unnormale, was ich getan hatte, ist für mich ein Beweis, dass Kinder sehr früh sexuelle Erregung erkennen und empfinden können. Ich habe danach jahrelang keine solche Erfahrung mehr gehabt und hatte auch nicht das Bedürfnis danach.

Das ist der Grund warum in Kamerun Jungs und Mädchen sehr früh getrennt werden, zum Beispiel beim Duschen. Grundsätzlich dürfen Mädchen ältere Männer, inklusive Vater und Brüder, und Jungs ältere Frauen, inklusive Mutter und Schwestern, nicht nackt sehen. Das dient auch dazu, sexuelle Belästigungen und Inzest zu vermeiden. Der Mensch ist halt ein Mensch und nur ein Menschen und kein Gerät. Normalerweise haben unser Instinkt und die Sozialisierung bestimmte Hemmschwellen sehr hoch eingestellt. Trotzdem sollte man sich nicht ständig in solche Situationen begeben, nur um der Versuchung zu widerstehen und zu zeigen, dass man sich kontrollieren kann. Unsere Augen sehen, was sie sehen und was wir sehen beeinflusst uns, auch wenn man nicht handelt. Man macht sich seine kleinen Gedanken (zum Beispiel: „werde ich so aussehen, wenn ich alt bin? Oje, der hat einen labberigen Po." Ich will nicht viel mehr sagen. Jeder kennt das. Jeder bildet sich seine Meinung und behält sie in sich).

Es ist nicht nötig, sich permanent mit solchen Bildern zu konfrontieren, wenn es nicht sein muss. Sie könnten andere Kinder stören und sogar verletzen, sie unglücklich machen.

Sexuelle Erregung bei Kindern hat nichts zu tun mit der von Erwachsenen, wie ich es auch bei mir gesehen habe. Sie hat überhaupt nichts mit dem Wunsch nach einem sexuellen Akt zu tun. Die Kinder wissen meist gar nicht, wie in meinem Fall, was man mit der Erregung anstellen soll.

Wir müssen erkennen, so wie ich es bei mir selbst und bei den zahlreichen Menschen, die sich gemeldet haben erkannt habe, dass manche Kinder sehr früh sexuelle Erregung empfinden können, ohne geschlechtsreif zu sein. Deswegen können manche unserer Handlungen für manche Kinder bereits als sexuelle Belästigung empfunden werden, ohne dass wir es beabsichtigen oder auch nur daran gedacht haben. Es ist sehr wichtig, auf die Sensibilität jedes einzelnen Kindes zu achten und die Hemmschwelle jedes Kind zu erkennen, und nicht nur den Forschungsergebnissen der Experten zu vertrauen. Was für ein Kind ganz normal ist, kann für das andere schlimm sein. Manchen Kindern sind schon bestimmte Nacktbilder oder Bilder von Körperteilen unangenehm und problematisch. Einfach zu sagen, Kinder können dies oder das noch nicht, ist nicht immer wahr. Es wäre besser zu sagen manche Kinder können dies und manche Kinder das nicht. Das kann uns helfen, die sexuelle Empfindlichkeit der Kinder sehr früh zu erkennen. Das verhindert, dass man diese Kinder, ohne es zu wissen, sexuell belästigt. **Es ist wichtig das zu wissen, um die Privatsphäre des Kindes sehr früh zu akzeptieren und zu schützen.** Man sollte für jedes Kind individuell die Formen der körperlichen Nähe überdenken und gegebenenfalls schon früher unterbinden. Das wollte ich mit meiner eigenen Geschichte deutlich machen. Ich war sechs Jahre alt, hatte noch nie ferngesehen, hatte kein Internet gehabt, kein Sexbuch angeschaut, und dennoch war dieser Instinkt früh da. Kinder empfinden unterschiedlich. Heranwachsende gehören für mich auch in der Gruppe Kinder.

Grundsätzlich ist jegliche Art sexueller Belästigung von Kindern, besonders aus Reihen der Angehörigen, ein sehr schlimmes Erlebnis, das sie fast ihr ganzes Leben begleitet. Das Verleugnungspotential ist leider hoch und die Tendenz ist, die Sache geheim zu halten. Damit erschweren wir das Leiden für die Kinder, die zeitnah kaum die Chance bekommen, das Trauma zu verarbeiten und so werden sie fast ihr Leben lang diese Last mittragen und unglücklich sein.

Mobbing innerhalb der Familie: Eltern gegen Eltern, Eltern gegen Kinder und wenn sich Geschwister gegenseitig fertigmachen

Eine Klientin, Carmen, beklagte sich bei mir über ihren Vater:

„Ich bin sehr traurig dass ich in seine Streits mit meiner Mutter mit einbezogen wurde, dass er mit mir darüber gesprochen hat. Dass er mich auf seine Seite gezogen hat und meine Mutter für mich die Böse war."

Über ihre Mama sagte sie: *„Ich bin wütend, weil sie oft so gemein zu meinem Vater war, weil sie schlecht über ihn redete, weil sie uns immer sagte, er sei ein Versager, uns erzählte, dass er im Job gehänselt wurde, weil er nichts konnte, dass Bilder von ihm, auf denen er klein und fett war, ohne sein Wissen in der Öffentlichkeit verbreitet wurden. Ich bin wütend, weil sie so laut geschrien hat, dass ich immer alles mitbekommen habe. Heute würde ich sagen, dass sie ihn gemobbt hat...."*

Carmens Feststellung: „Heute würde ich sagen, dass sie ihn gemobbt hat," sagt allein schon viel.

Mobbing innerhalb der Familie ist tatsächlich keine Seltenheit. Nach meinen Recherchen wird in der Familie immer häufiger gemobbt und das belastet die Kinder sehr und kann sie sogar krankmachen.

Es ist für ein Kind sehr belastend, wenn Eltern seine Gunst und seine Liebe suchen, indem sie sich gegenseitig fertig machen. Wenn ein Elternteil ständig über den anderen lästert, ihm Vorwürfe macht, sich dauernd vor den Kindern beklagt, was der andere alles schlecht macht, oder dass er Scheiße gebaut hat, wenn er jammert, dass er sie/ihn schlecht behandelt usw., dann schadet er den Kindern sehr. Sie bekommen das Gefühl, dass sie sich zwischen beiden entscheiden, bzw. Position beziehen müssen.

Ich kenne Fälle, bei denen Eltern sich gegenseitig in der Öffentlichkeit, sogar vor den Eltern der Freunde ihrer Kinder, mobben. Stellen wir uns einmal vor, was es für die Kinder bedeutet, wenn sie zufällig mitbekommen, dass ihre Mutter gesagt hat, dass der Vater keinen mehr hochkriegt, oder dass er ein Säufer ist? Dass der Vater erzählt hat, dass die Mutter nicht haushalten kann, schmutzig ist, stinkt und sogar alle mit Läusen angesteckt hat, dass sie geizig ist und dem Kindern nichts zu essen gibt? Das sind Situation, die den Kindern unheimlich weh tut und die ihren Glaube und ihr Vertrauen zerstören. Die Kinder entwickeln Gefühle vom Scham, Angst und Unsicherheit.

Es gibt auch Eltern, die die Kinder gegeneinander ausspielen. Manche zeigen ganz offen, dass sie das eine Kind mehr lieben als das andere.

Wenn Geschwister sich gegenseitig mobben

Dieses Phänomen wird selten angesprochen. In Erziehungsratgebern wird kaum über diese Situation berichtet. In den Medien und in Büchern von Kinderpsychologen lesen wir viel über das Mobbing von Kindern untereinander, bzw. über Mobbing zwischen Lehrern und Schülern, aber dass auch viele Kinder von den eigenen Geschwistern, in der eigenen Familie, gemobbt werden, wird selten erwähnt. Dennoch kommt es sehr häufig vor und ist noch zerstörerischer als Mobbing außerhalb der Familie.

Ich habe einige Beispiele von Mobbing unter Geschwistern gesammelt. Dies sind Auszüge aus Briefen an mich:

„Mein Bruder war auch oft sehr gemein zu mir,…z.B. hat er mich ab und zu angesehen und dann gesagt: „Du bist so hässlich". Er sagte das Gleiche in der Schule. Ich war erst sieben. Er malte hässliche Figuren und klebte sie auf meinen Schulranzen… Da ich mich damals schon nicht besonders schön fand, hat mich das sehr getroffen, sehr gekränkt, vor allem hätte ich gewünscht, dass meine Mutter z.B. eingegriffen hätte und gesagt hätte ‚hör nicht auf ihn du bist schön'… Ich hatte das Gefühl, dass sie damit einverstanden war. Solche Kommentare kamen öfter von ihm, und ich hatte Probleme, damit umzugehen und hab das in mich reingefressen." Berta, 42 aus Hamburg

Berta fühlt sich bis heute hässlich und leidet sehr darunter.

„Fotos von mir waren bei vielen Menschen gelandet, ohne dass ich wusste, wer das getan hatte und wie es dazu gekommen war. Auf den Fotos konnte man mich beim Duschen sehen und auf der Toilette sehen. Ich war fertig, am Boden zerstört. Ich musste die Schule wechseln und als das nicht half musste ich zu meiner Oma ziehen und alle Beziehungen abbrechen. Später fand man heraus, dass mein Bruder es aus Neid getan hatte." Silke 21, München

Silke erlitt ein Trauma und leidet bis heute unter etwas, das ich Dusch-Phobie nenne.

„Meine Schwester beschuldigte mich, sie sexuell angefasst zu haben, der andere Bruder bestätigte es und behauptete, dass er dabei gewesen war, als meine Schwester um Hilfe bat. Ich war erst neun.

Meine Eltern wollten ein Geständnis von mir haben. Ein Geständnis wollte ich aber nicht ablegen, weil die Anschuldigung falsch war. Ich wurde aus der Familie ausgeschlossen. Ich durfte nicht mehr mit am Tisch essen. Niemand wollte noch mit mir reden. Es tat weh, ich weinte sehr und fing an mich zu verletzen und mich zu hassen. Erst nach Wochen erfuhren meine Eltern die Wahrheit. Meine Schwester hatte mit ihre Freundin Streit gehabt und die Freundin verriet alles." Adam 17, Darmstadt

Anhand dieser Beispiele verstehen wir, warum das Mobbing in der Familie Kinder so fertig macht

Spezial: Eltern und Haftung bei schlechter Erziehung

Kinder sind den Eltern schutzlos ausgeliefert. Beschimpfst oder beleidigst du einen Passanten, kann er dich anzeigen und du wirst bestraft. Wer schützt dann die Kinder vor täglichen Beschimpfungen oder Beleidigungen von den Eltern?

Warum müssen das Opfer selbst oder die Allgemeinheit für Fehler zahlen, die wir Eltern gemacht haben?

Wenn der Bundesgerichtshof entscheidet, dass Kinder für Eltern trotz fehlenden Kontakts zahlen müssen, müssen wir auch überlegen, ob nicht Schadensersatzansprüche gegen Eltern angebracht wären, wenn Kinder kaputt, unfähig und zu gesellschaftlichen Problemen geworden sind, weil ihre Eltern sie verlassen haben oder nie anwesend waren.

Wenn per Gesetz Kinder für ihre Eltern aufkommen müssen, wenn diese nicht mehr können, ist für mich nur logisch, dass die Eltern per Gesetz auch für die Kinder aufkommen müssen, wenn diese, wegen Schäden, die erwiesenermaßen aus ihrer Kindheit stammen, nicht mehr können.

Man kann heute nicht sagen, ich wusste nicht, dass…

Die Menschen von heute haben alle Informationen darüber, was den Kindern schaden kann und wie Kinder unglücklich werden. Es gibt Fachleute, Fachliteratur, wissenschaftliche Studien darüber, trotzdem schaffen wir es nicht, unseren Kindern eine glückliche Zukunft zu gewähren. Das ist eine Verletzung der Sorgepflicht von Menschen, die sich als die intelligenteste Generation seit es die Welt gibt und die klügsten Lebenswesen der Natur sehen. Wir haben keine Entschuldigung dafür und können heute nicht sagen, dass wir zum Beispiel nicht wussten, dass Kinder zu schlagen, sie den ganzen Tag vor den Fernseher oder vor Computerspiele zu setzen, sie ständig zu beschimpfen, keine Grenzen aufzuzeigen, ihnen die Liebe zu verweigern oder sie zu überbehüten, dazu führen könnte, dass die Kinder morgen ihr halbes Leben nur in Therapien verbringen. Nein, heute können wir nicht mehr sagen, dass wir es nicht wussten. Wenn man einen Schaden auf der Straße verursacht, weil es geregnet hat und man nicht wusste, dass die Straße rutschig ist, muss man trotzdem dafür haften. Auch wenn ich das Schild „Einbahnstraße" nicht gesehen habe und deswegen in falscher Richtung fahre, ist und bleibt meine Handlung trotzdem eine Gesetzeswidrigkeit. Ich muss selbst dafür sorgen, dass ich die Gesetze kenne, würde die Polizei sagen und mir Strafe verordnen. Unwissenheit schützt vor Strafe nicht! Unkenntnis schützt vor Schaden nicht. Genauso ist es auch bei der Kindererziehung. Die Kindheit eines Kindes ist so wichtig, dass wir Eltern mit unseren Taten und Handlungen während dieser Phase sehr sorgfältig umgehen müssen. Die Kinder sind 100% auf uns angewiesen, sind uns gegenüber schutzlos und müssen sich 100% auf uns verlassen können. Wir gestalten in dieser Phase des Lebens der Kinder ihre Zukunft.

Nachdem wir nun gemeinsam gelesen haben, warum unsere Kinder immer unglücklicher werden und wie wir mit unseren Handlungen dies befördern, ist die Forderung berechtigt, dass Eltern mithaften müssen für Schäden, die entstanden sind, weil sie die Kinder nicht richtig erzogen haben.

Viele Erwachsene leiden heute und schaffen es nicht mehr, die Kontrolle über ihr Leben wieder zu erlangen, weil sie eine schlechte Kindheit hatten. Nicht alle schaffen es durch Therapien zurück ins Leben, zurück zum Glück zu kommen.

Mithaften heißt für mich zum Beispiel, dass die Eltern sich an Therapiekosten beteiligen, oder diese gar voll tragen, dass sie die Kosten übernehmen, wenn Kinder durch diese unglückliche Kindheit seelisch und körperlich so zerstört und kaputt sind, dass sie in der Gesellschaft nicht mehr ankommen, keinen Beruf ausüben können und somit manche Ausgabe selbst nicht mehr zahlen können. Das sind nur ein paar Beispiele von vielen.

Es geht darum, dass die Eltern per Gesetz gezwungen werden, mehr für ihre Kinder, das heißt für die Gesellschaft, zu tun. Zwar werden viele sagen, man kann Kinder nicht per Gesetz erziehen, was auch wahr ist, aber man kann durch bestimmte Aktionen die Eltern dazu bringen, sich mehr mit der Erziehung ihrer Kinder zu beschäftigen. Wir alle sehen, dass manche Gesetze zum Schutz der Kinder die Lage der Kinder wirklich verbessert haben. Wir sehen heute, dass die Gewalt an Kindern drastisch abnimmt. Mit einem Gesetz kommt automatisch auch eine Sensibilisierung, die sehr notwendig ist. Ja, es geht darum, die Sensibilisierung und Aufmerksamkeit zu wecken und das Gesetz kann das sehr gut ausrichten.

Viele Menschen, die heute Therapien machen und von Psychologe zu Psychologe pilgern, sich ständig mit

Horoskopen, Esoterik, Yoga, Feng Shui beschäftigen, sind zum großen Teil nur Opfer des Erziehungsstils der Eltern.

Es kann nicht sein, dass Eltern sich erlauben können, mit Kindern zu tun, was sie wollen und sich heraushalten, wenn die Kinder leiden. Mit ein bisschen Bemühung und gesunder Liebe können wir zwar nicht alles beseitigen, aber unseren Kindern wichtige Werkzeuge geben, mit denen sie Morgen erfolgreich gegen kommende Schwierigkeiten kämpfen werden. Ja, das können wir, und wenn man es nicht kann, muss man es lernen, wer das nicht tut, sollte auch dafür haften. Er sollte für die Folgeschäden haften und nicht die Opfer (Kinder) und die Allgemeinheit.

Aufstand der Kinder –

Tipps, Tricks und Geheimnisse für eine liebevolle Erziehung von Kindern und Erwachsenen, mit praktischen, anwendbaren Fallbeispielen mit sofortigen positiven Ergebnissen, auch bei harten Fällen

Jetzt haben wir viel darüber gelernt, was wir falsch machen. Im zweiten Band geht es darum, wie wir unsere Kinder stark, gesund, und glücklich machen und sie für alle Eventualitäten des Lebens ausrüsten.

In diesem Buch erfährst du Lösungen, die du noch nicht kennst und erfährst neue, unkonventionelle, afrikanisch inspirierte Ansätze, die sehr effektiv sind und dir im Alltag helfen.

Anhand vieler praktischer Fallbeispiele werde ich zeigen, wie Erziehung gelingen kann. Ich biete Lösungen zu vielen alltäglichen und grundlegenden Fragen aller Eltern, zum Beispiel:

- Wie beugt man vor, dass Kinder später anfällig sind für Depressionen?
- Wie „zähme" ich ein Kind, das mich terrorisiert?
- Wie bekommt man kleine Diktatoren in den Griff?
- Wie erreicht man, dass Kinder auf einen hören?
- Wie bringe ich meinen Kindern Respekt bei?

- Wie kann ich meinem Kind helfen, seine Ängste zu überwinden und selbstbewusst zu sein?
- Wie kann ich meinem Kind beibringen, sich selbst zu lieben und sich so zu akzeptieren, wie es ist?
- Wie bringe ich meinem Kind bei, mit Druck aus Gesellschaft, Schule, Freunden oder Sport zurechtzukommen?
- Wie bringe ich meinem Kind bei, klare Grenzen zu setzen, aber gleichzeitig offen und freundlich zu sein?
- Wie gehe ich mit meinen Kindheitserfahrungen um?
- Wie verarbeite ich negative Erlebnisse und Prägungen?
- Wie nabele ich mich von meinen eigenen Eltern ab, um mein Kind frei vom alten Familienballast erziehen zu können?
- Was soll ich beachten, damit ich meine negativen Erfahrungen nicht weitergebe und mein Kind dadurch negativ programmiere?

Dieser Band wird voraussichtlich im Herbst 2016 erscheinen. Nähere Informationen unter www.indayi.de

Weitere Bücher von indayi edition

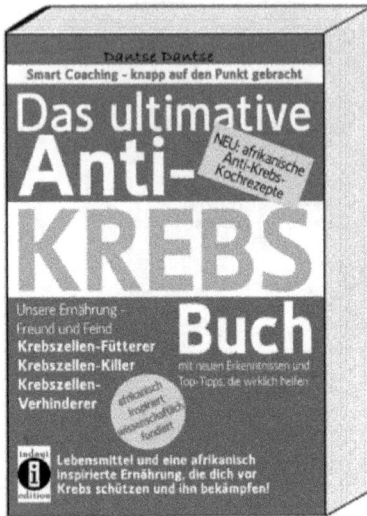

Dantse Dantse
Smart Coaching - knapp auf den Punkt gebracht

Das ultimative
Anti-
KREBS
Buch

NEU: afrikanische Anti-Krebs Kochrezepte

Unsere Ernährung - Freund und Feind
Krebszellen-Fütterer
Krebszellen-Killer
Krebszellen-Verhinderer

mit neuen Erkenntnissen und Top-Tipps, die wirklich helfen

afrikanisch inspiriert wissenschaftlich fundiert

Lebensmittel und eine afrikanisch inspirierte Ernährung, die dich vor Krebs schützen und ihn bekämpfen!

Dantse Dantse
Smart Coaching - knapp auf den Punkt gebracht

Wie Ernährung Krebs auslöst
KREBS
mag Weizen
liebt Zucker
und knutscht Milch

Gifte
Zusatzstoffe
freie Radikale

Einstieg 3:
Krebserregende Ernährung & Giftstoffe in Lebensmitteln

...in Fleisch
...in Gewürzen
...in Getränken
...in Süßigkeiten
...in Fertiggerichten
...in Babynahrung
...und viel mehr!

afrikanisch inspiriert wissenschaftlich fundiert

altes Wissen
neue Erkenntnisse

Dantse Dantse
Smart Coaching - knapp auf den Punkt gebracht

KREBS
hasst Safou
fürchtet Moringa
kapituliert vor Yams

Lebensmittel und eine afrikanisch inspirierte Ernährung, die dich vor Krebs schützen und ihn bekämpfen!

Kochbananen
Knoblauch
Ingwer
Okraschoten
Himbeeren
...und vieles mehr!

afrikanisch inspiriert wissenschaftlich fundiert

mit afrikanischen Kochrezepten
altes Wissen
neue Erkenntnisse

❖DEPRESSION
❖BORDERLINE
❖ESSSTÖRUNG

31 Tage
tiefe Einblicke in eine kranke Seele, wie sie nicht einmal Psychologen mitbekommen

Bewegende Tagesabläufe: Das Minutenprotokoll einer psychisch kranken Frau

Geschichten, die therapieren

Larissa S.

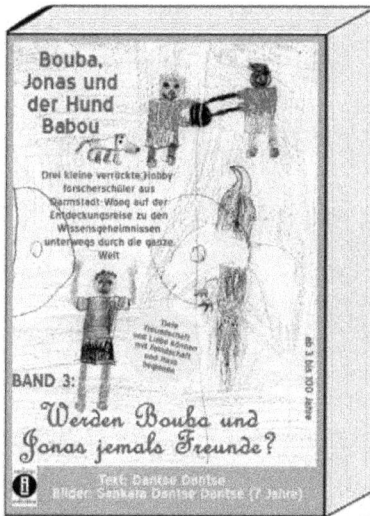

Bouba, Jonas und der Hund Babou

Drei kleine verrückte Hobby forscherschüler aus Darmstadt-Wixhausen auf der Entdeckungsreise zu den Wissensgeheimnissen unterwegs durch die ganze Welt

Tiefe Freundschaft und Liebe können mit Feindschaft und Hass beginnen

BAND 3:

Werden Bouba und Jonas jemals Freunde?

Text: Dantse Dantse
Bilder: Sankara Dantse Dantse (7 Jahre)

ab 3 bis 100 Jahre

Text von **Dantse Dantse**

DER WEISE, ALTE FUCHS SIKATI UND DER UNDANKBARE, DICKE HASE HANSI

Bilder von Marah-Noussi Dantse, 5 Jahre

Warum Füchse Hasen jagen und sich Hasen in Erdlöchern verstecken

ab 3 bis 100 Jahre

Text: Dantse Dantse

Könige der Tiere

Bilder: Sankara Dantse Dantse (7 Jahre)

Darum wurde der Adler König der Tiere in der Luft...

...und der Hai König der Tiere im Wasser

...und der Löwe König der Tiere auf dem Land

...und der Bär, der Geier, der Delfin aber nix

ab 3 bis 100 Jahre

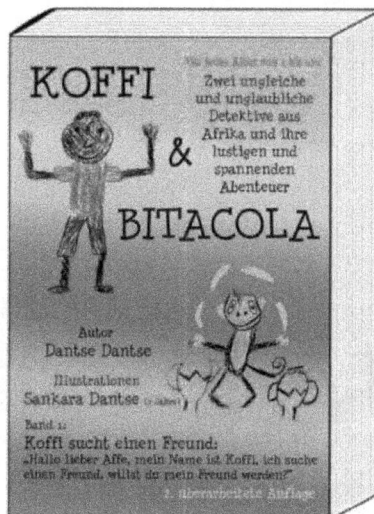

KOFFI & BITACOLA

Zwei ungleiche und unglaubliche Detektive aus Afrika und ihre lustigen und spannenden Abenteuer

Autor Dantse Dantse

Illustrationen Sankara Dantse (7 Jahre)

Band 1:
Koffi sucht einen Freund:
„Hallo lieber Affe, mein Name ist Koffi, ich suche einen Freund, willst du mein Freund werden?"

2. überarbeitete Auflage